Le Théâtre

REGNARD

ATTENDEZ-MOI SOUS L'ORME

COMÉDIE EN UN ACTE

REPRÉSENTÉE POUR LA PREMIÈRE FOIS A PARIS EN

1694

LA COQUETTE

OU

L'ACADÉMIE DES DAMES

COMÉDIE EN TROIS ACTES

REPRÉSENTÉE POUR LA PREMIÈRE FOIS A PARIS EN

1691

NOUVELLE ÉDITION

PUBLIÉE

fondateur Collection — 100 Bons Livres 1 Cc

PARIS

DÉPARTEMENTS, ÉTRANGER,

CHEZ TOUS LES LIBRAIRES

1878

20 c. — THÉATRE — 20 c.

CHEZ TOUS LES LIBRAIRES

JANVIER 1878 | FÉVRIER 1878

Beaumarchais
1. *Barbier Séville*, et Musique
2. *Mariage Figaro*, et Musique
3. *La Mère coupable*

Brueys
4. *Avocat Patelin et le Grondeur*

Desforges, — Baron
5. *Le Sourd.- Bonnes fortunes*

Le Sage
6. *Turcaret, — Crispin rival*

THÉATRE D'ÉDUCATION
de Florian et de Berquin.

7-8. FLORIAN, HUIT comédies.
9-10. BERQUIN, DIX comédies.

Collin-d'Harleville
11. *Mr de Crac, — l'Inconstant*
12. *L'Optimiste*
13. *Châteaux en Espagne*
14. *Le Vieux Célibataire*
15. *La Famille bretonne*
16. *Vieillard et Jeunes Gens*
17. *Malice pour Malice*

Marivaux
18. { *Les Fausses Confidences* / *L'École des Mères* }
19. { *Jeu de l'Amour et Hazard* / *L'Épreuve nouvelle* }
20. *Legs, - Préjugé, - Arlequin*
21. *Surprise, — la Méprise*
22. *2e Surprise, — les Sincères*
23. *L'Inconstance, — Amours*

Pergolèse, et Musique
24. *Servante* et STABAT MATER

Rousseau
25. *Devin et onze Romances*, piano

Regnard
26. *Le Joueur*
27. *Le Légataire et Critique*
28. *Le Distrait, — Amadis*
29. { *Attendez-moi, — Coquette* / *Le Marchand ridicule* }
30. { *Retour, — Sérénade* / *Bourgeois de Falaise (Bal)* }
31. { *Arlequin à bonnes fortunes* / *Critique de l'Arlequin* / *Les Vendanges* / *La Descente aux Enfers* }
32. *Carnaval - Orfeo, - Divorce*
33. { *Folies amoureuses,* / *Mariage Folie, — Souhaits* }
34. *Foire St-Germain et Suite*
35. *Les Ménechmes*

Scarron
36. *Jodelet — Japhet*

Dufresny
37. *Coquette, — Dédit, — Esprit*
38. *Le Mariage — le Veuvage*

Carmontelle
39 à 42. Vingt-cinq **Proverbes**

Gresset
43. *Le Méchant*

Destouches
44. *Le Philosophe marié*
45. *Le Glorieux*
46. { *La Fausse Agnès* / *Le Triple Mariage* }
47. *Le Curieux, — L'Ingrat*
48. *Le Dissipateur*
49. *Le Médisant, — l'Irrésolu*
50. *Le Tambour nocturne*

REGNARD

ATTENDEZ-MOI SOUS L'ORME

Comédie en un acte
représentée pour la première fois a paris en
1694

LA COQUETTE
ou
L'ACADÉMIE DES DAMES

Comédie en trois actes
représentée pour la première fois à paris en
1691

NOUVELLE ÉDITION
PUBLIÉE

PARIS
DÉPARTEMENTS, ÉTRANGER,
CHEZ TOUS LES LIBRAIRES

1878

ATTENDEZ-MOI SOUS L'ORME

PERSONNAGES

DORANTE, officier réformé, revenant de sa garnison, qui devient amoureux d'Agathe.
AGATHE, fille d'un fermier, amoureuse de Dorante.
PASQUIN, valet de Dorante.
LISETTE, amie d'Agathe.
COLIN, jeune fermier, accordé avec Agathe.
NANETTE, bergère.
NICAISE, berger.
PLUSIEURS BERGERS ET BERGÈRES, qui étaient priés pour la noce de Colin et d'Agathe.

(La scène est dans un village du Poitou, sous l'orme.)

SCÈNE I

DORANTE, PASQUIN.

PASQUIN. — Pour m'expliquer en termes plus clairs, j'ai avancé la dépense du voyage depuis notre garnison jusqu'à ce village-ci ; nous y avons déjà séjourné quinze jours sur mes crochets : je vous prie que nous comptions ensemble, et je vous demande mon congé.

DORANTE. — Oh ! palsembleu, tu prends bien ton temps !

PASQUIN. — Eh ! puis-je le mieux prendre, monsieur ? Vous venez d'être réformé ; il faut bien que vous réformiez votre train.

DORANTE. — Pasquin, quitter le service d'un officier, c'est se brouiller avec la fortune.

PASQUIN. — Ma foi, monsieur, je me suis brouillé avec elle dès le jour que je suis entré chez vous : mais, Dieu merci, je suis au-dessus de la fortune ; je veux me retirer du monde.

DORANTE. — Le fat ! oh ! le fat !

PASQUIN. — Oui, monsieur, j'ai fait depuis peu des réflexions morales sur la vanité des plaisirs mondains :

je suis las d'être bien battu et mal nourri; je suis las de passer la nuit à la porte d'un lansquenet, et le jour à vous détourner des grisettes; je suis las enfin d'avoir de la condescendance pour vos débauches, et de m'enivrer au buffet, pendant que vous vous enivrez à table. Il faut faire une fin, monsieur. Je vais me rendre mari d'une certaine Lisette, qui est le bel esprit de ce village-ci. Les plus jolies filles du Poitou la consultent comme un oracle, parce qu'elle a fait ses études sous une coquette de Paris; c'est là où elle est devenue amoureuse de moi.

DORANTE. — Eh! je n'ai point encore trouvé en mon chemin cette Lisette si aimable; j'en sais mauvais gré à mon étoile.

PASQUIN. — Ce n'est pas votre étoile, monsieur; c'est moi qui ai pris soin de vous cacher Lisette : je l'ai trouvée trop jolie pour vous la faire connaître. Mais cette digression vous fait oublier qu'il s'agit entre vous et moi d'une petite règle d'arithmétique. Il y a huit ans que je vous sers; à vingt-cinq écus de gages, somme totale six cents livres; sur quoi j'ai reçu quelques coups de canne, coups de pieds au cul : partant reste toujours six cents livres, que je vous prie de me donner présentement.

DORANTE, d'un ton de colère. — Quoi! j'ai eu la patience de garder huit ans un coquin comme toi!

PASQUIN. — Tout autant, monsieur.

DORANTE. — Un maraud!

PASQUIN. — Oui, monsieur.

DORANTE. — Huit ans, un valet à pendre.

PASQUIN. — Ah!

DORANTE. — A noyer, à écraser!

PASQUIN. — Il y a du malheur à mon affaire. Vous avez été jusqu'à présent très-content de mon service, et vous cessez de l'être dans le moment que je vous demande mes gages.

DORANTE, se radoucissant. — Pasquin, ce n'est pas d'aujourd'hui que je suis la dupe de ma bonté. Va, mon cher, je veux bien encore ne te point chasser de chez moi.

PASQUIN. — Vraiment, monsieur, ce n'est pas vous qui me chassez; c'est moi qui vous demande mon congé, et les six cents livres.

DORANTE. — Non, mon cœur, tu ne me quitteras point. Tu ne sais ce qu'il te faut. La vie champêtre ne convient point à un intrigant, à un fourbe.

PASQUIN. — Je sais bien que j'ai tous les talents pour faire fortune à la ville; mais je borne mon ambition à Lisette, à qui j'apporte en mariage les six cents livres dont je vais vous donner quittance.
(Il tire de sa poche un papier.)

DORANTE, lui arrêtant la main. — Peste soit du faquin! Tu n'as que tes affaires en tête : parlons un peu des miennes. J'épouse demain la petite fermière Agathe. J'ai si bien fait, par mon manége, que le père est à présent aussi amoureux de moi que sa fille. Elle a dix mille écus, Pasquin.

PASQUIN. — Vous n'avez que vos affaires en tête; reparlons un peu des miennes.

DORANTE. — Agathe m'attend chez elle à quatre heures; et, avant que d'y aller, j'ai à régler certaines choses avec le notaire.

PASQUIN. — Monsieur, il n'y a que deux mots à mon affaire.

DORANTE. — Le notaire m'attend, Pasquin.

PASQUIN. — Mon congé et mes gages.

DORANTE. — Oh! puisque tu veux absolument que nous finissions d'affaire ensemble...

PASQUIN. — Si ce n'était pas pour une occasion aussi pressante...

DORANTE. — Il faut faire un effort...

PASQUIN. — Je ne vous importunerais pas.

DORANTE. — Quelque peine que cela me fasse...

PASQUIN. — Voici la quittance.

DORANTE, prenant la quittance et embrassant Pasquin. — Va, je te donne ton congé.

PASQUIN. — Et mes gages, monsieur?

DORANTE. — Tu m'attendris, Pasquin; je ne veux pas te voir davantage.

SCÈNE II

PASQUIN, seul.

Le scélérat! Je n'ai plus rien à ménager avec cet homme-là. Lisette me sollicite de rompre son mariage avec Agathe. Allons voir ce qui en sera.

SCÈNE III

PASQUIN, LISETTE.

PASQUIN. — Ah! te voilà!

LISETTE. — Il y a une heure que je te cherche. Es-tu d'accord avec ton maître?

PASQUIN. — Peu s'en faut. Il ne s'agissait entre lui et moi que de deux articles. Je lui demandais mon congé et mes gages : il a partagé le différend par moitié; il m'a donné mon congé et me retient mes gages.

LISETTE. — Et tu gardes des mesures avec cet homme-là! Te feras-tu encore tirer l'oreille pour m'aider à rompre son mariage en faveur de mon pauvre frère Colin, à qui Agathe était promise? Il ne tient qu'à toi de rendre la joie à tout le village. Ce n'était que fêtes, danses et chansons préparées pour les noces de Colin et d'Agathe; et depuis que ton officier réformé est venu nous enlever le cœur de cette jolie fermière, toute notre galanterie poitevine est en deuil.

PASQUIN. — Je ne manque pas de bonne volonté; mais je considère...

LISETTE. — Et moi, je ne considère plus rien. Je suis bien sotte de prier quand j'ai droit de commander. Colin est mon frère, et s'il n'épouse point Agathe par ton moyen, Lisette n'épousera point Pasquin.

PASQUIN. — Ouais! tu me mets bien librement le marché à la main!

LISETTE. — C'est que je ne suis pas comme la plupart de celles qui font de pareils marchés. Je ne t'ai point donné d'arrhes, et je romprai, si...

PASQUIN. — Doucement. Çà, que faut-il donc faire pour ce petit frère Colin ? As-tu pris des mesures avec lui ?

LISETTE. — Des mesures avec Colin ? Bon ! c'est un jeune amant à la franquette, qui n'est capable que de se trémousser à contre-temps. Il va, il vient, il piétine, peste contre son infidèle, et a toujours quelque raisonnement d'enfant qu'il veut qu'on écoute; enfin, c'est un petit obstiné que j'ai été contrainte d'enfermer, afin qu'il me laissât en paix travailler à ses affaires. Je crois que le voilà encore.

SCÈNE IV

COLIN, LISETTE, PASQUIN.

LISETTE, à Colin. — Quoi ! petit lutin, tu seras toujours sur mes talons ?

COLIN, à Lisette. — J'ai sauté par la fenêtre de la salle où tu m'avais enfermé, pour te venir dire que tout le tripotage de veuve que tu veux faire pour attraper ce Dorante, par-ci, par-là, tant y a que tout ça ne vaut rien.

LISETTE. — Mort de ma vie ! si tu...

PASQUIN. — Laissez opiner Colin; il me paraît homme de tête.

COLIN. — Assurément. J'ai trouvé un secret pour qu'Agathe me r'aime, et j'ai commencé à imaginer...

LISETTE. — Et va-t'en achever d'imaginer; laisse-moi exécuter.

COLIN. — Oh ! y faut que ce soit moi qui...

LISETTE. — Oh ! ce ne sera pas toi qui...

COLIN. — Je te dis que...

LISETTE. — Je te dis que tu te taises.

COLIN. — Oh ! c'est moi qui suis l'amoureux, une fois; je veux parler tout mon soûl.

LISETTE. — Oh ! le petit lutin d'amoureux !

COLIN. — Tenez, si Pasquin me dit que je n'ai pas pus d'esprit que toi, pour ce qui est d'Agathe, je veux bien m'en retourner dans la salle.

LISETTE. — Ecoutons à cette condition.

COLIN. — C'est que j'ai eune ruse pour faire venir Agathe dans eun endroit où je vous cacherai tous deux.

PASQUIN. — Fort bien !

COLIN. — Et pis, quand a sera là, je li dirai : Çà, gnia personne qui nous écoute ; n'est-y pas vrai, Agathe, qu'ou m'avez dit cent fois qu'ou m'aimiez ? A dira : Oui, Colin ; car ça est vrai. N'est-y pas vrai, li redirai-je, que quand vous me dites ça, je dis, moi, que les paroles étaient belles et bonnes, mais que ça ne tient guère, à moins qui n'y ait quelque chose, là, qui signifie qu'ou n'oseriez pus prendre d'autre mari que moi ? Agathe dira : Oui, Colin. N'est-y pas vrai, ce li ferai-je encore, qu'un certain jour que l'épingle de votre collet était défaite, je le soulevis tout doucement, tout doucement ?...

LISETTE. — Oh ! va donc plus vite ; j'aime l'expédition.

PASQUIN. — Ce récit promet beaucoup, au moins. Et nous serons cachés pour entendre tout cela !

COLIN. — Assurément. Je ne barguignerai point à li faire tout dire ; car si a m'épouse, l'épousaille couvre tout ; et sinon, je sis bien aise qu'on sache que la récolte appartient à sti qui a défriché la terre. Oh ! donc, je dirai à Agathe : N'est-y pas vrai, quand j'eu entr'ouvart votre collet, que je pris dessous un papier dans votre sein, et que sur ce papier vous m'aviez fagotté en lacs d'amour votre nom parmi le mien, pour montrer ce que je devions être l'un à l'autre ?

PASQUIN. — Et a dira : Oui, Colin.

COLIN. — Oh ! a dira peut-être que c'est qu'a dormait ; mais je sais bien qu'a ne faisait que semblant ; car a se réveillit tout juste quand...

LISETTE. — Eh bien, enfin ! quand elle aura tout dit...

COLIN. — Vous sortirez tous deux de votre cache, et

vous li direz : Agathe, faut qu'ou vous mariiez rien qu'avec Colin tout seul, ou nous allons dire partout qu'ous aimez deux hommes à la fois. Oh ! a ne voudra pas.

LISETTE. — O que si, a voudra. Les femmes en font gloire.

COLIN. — Faire gloire d'aimer un autre que sti avec qui on se marie ! Non, gnia point de femme comme ça dans tout le monde.

PASQUIN. — Colin n'a pas voyagé. Çà, je juge que M. Colin imagine mieux que nous ; mais nous exécuterons mieux que Colin. Partant, condamné à retourner dans la salle jusqu'à ce que nous ayons besoin de lui.

COLIN. — Oh ! ne vlà-t-il pas qu'il dit comme Lisette, à cause que... hé ! la, la !

LISETTE. — Oh ! va donc, ou je ne me mêle plus de tes affaires.

COLIN. — J'y vas, mais j'enrage.

SCÈNE V

LISETTE, PASQUIN.

LISETTE. — Oh ! nous voilà délivrés de lui. Çà, il s'agit de guérir Agathe de l'entêtement où elle est pour ton maître.

PASQUIN. — Hon ! quand l'amour s'est une fois emparé d'un cœur aussi simple que celui d'Agathe, il est difficile de l'en chasser ; il se trouve mieux logé là que chez une coquette.

LISETTE. — J'avoue que les grands airs de ton maître ont saisi la superficie de son imagination ; mais le fond du cœur est encore pour Colin. Finissons. Il faut empêcher Agathe de sortir de chez elle, afin qu'elle ne vienne point rompre les mesures que nous avons prises. Comment nous y prendrons-nous ?

PASQUIN. — Hon ! attendez. Nous lui avons fait venir des habits de Paris. Si j'allais lui dire que mon maître veut qu'elle les mette... La coiffure seule suffit pour amuser une femme toute la journée.

LISETTE. — La voici qui vient; songe à la renvoyer chez elle.

SCÈNE VI
AGATHE, LISETTE, PASQUIN.

AGATHE. — Où donc est ton maître, Pasquin ? Il y a deux heures que je l'attends chez moi.

PASQUIN. — Vous vous trompez, madame; mon maître est trop amoureux pour vous faire attendre.

LISETTE, à Agathe. — Je vous avais bien dit que ses empressements ne dureraient pas.

AGATHE. — Oh ! c'est tout le contraire, Lisette. Dorante doit être aujourd'hui amoureux de moi à la folie; car il m'a promis que son amour augmenterait tous les jours, et il m'aimait déjà bien hier.

LISETTE. — En une nuit, il arrive de grandes révolutions dans le cœur d'un Français.

PASQUIN. — Oui, sur la fin de ce siècle-ci, les amants et les saisons se sont bien déréglés; le chaud et le froid n'y dominent plus que par caprice.

LISETTE. — Oh ! en Poitou nous avons une règle certaine : c'est que, le jour des noces, le thermomètre de la tendresse est à son plus haut degré; mais le lendemain il descend bien bas.

AGATHE. — Vous voulez me persuader tous deux que Dorante sera inconstant; mais il faudrait que je fusse folle pour craindre qu'il change. Quoi ! quand Colin me disait tout simplement qu'il me serait fidèle, je le croyais; et je ne croirais pas Dorante, qui est gentilhomme, et qui fait des serments horribles qu'il m'aimera toujours.

PASQUIN. — En amour, les serments d'un courtisan ne prouvent rien; c'est le langage du pays.

LISETTE, à Agathe. — Si vous vouliez m'écouter une fois en votre vie, je vous ferais voir que Dorante...

AGATHE. — Parlons d'autre chose, Lisette.

PASQUIN, à Lisette. — Elle a raison. (A Agathe.) Parlons des beaux habits que mon maître vous a fait venir.

AGATHE. — Ah ! Pasquin, j'en suis charmée.

SCÈNE VI

PASQUIN. — A propos, mon maître voulait vous voir aujourd'hui parée.

AGATHE. — Je voudrais bien l'être aussi; mais je ne sais pas lequel je dois mettre des deux habits. Dis-moi, Pasquin, lequel aimera-t-il mieux de l'innocente ou de la gourgandine ?

PASQUIN. — La gourgandine a toujours été du goût de mon maître.

AGATHE. — Il faut que les femmes de Paris aient bien de l'esprit pour inventer de si jolis noms.

PASQUIN. — Malepeste! leur imagination travaille beaucoup. Elles n'inventent point de modes qui ne servent à cacher quelque défaut. Falbala par haut pour celles qui n'ont point de hanches; celles qui en ont trop le portent plus bas. Le cou long et les gorges creuses ont donné lieu à la steinkerque; et ainsi du reste.

AGATHE. — Ce qui m'embarrasse le plus, c'est la coiffure. Je ne pourrai jamais venir à bout d'arranger tant de machines sur ma tête; il n'y a pas de place pour en mettre seulement la moitié.

PASQUIN. — Oh! quand il s'agit de placer des fadaises, la tête d'une femme a plus d'étendue qu'on ne pense. Mais vous me faites souvenir que j'ai ici le livre instructif que la coiffeuse a envoyé de Paris. Il s'intitule :
« Les Eléments de la Toilette, où le Système harmonique de la Coiffure d'une Femme. »

AGATHE. — Ah! que ce livre doit être joli!

LISETTE. — Et savant!

PASQUIN, tirant un livre de sa poche. — Voici le second tome. Pour le premier, il ne contient qu'une table alphabétique des principales pièces qui entrent dans la composition d'une commode, comme :
« La duchesse, le solitaire,
« La fontage, le chou,
« Le tête-à-tête, la culbute,
« Le mousquetaire, le croissant,
« Le firmament, le dixième ciel,
« La palissade et la souris. »

AGATHE. — Ah! Pasquin, cherche-moi l'endroit où le livre dit que se met la souris. J'ai un nœud de ruban qui s'appelle comme cela.

PASQUIN. — C'est ici quelque part; attendez...

« Coiffure pour raccourcir le visage. »

Ce n'est pas cela.

« Petits tours blonds à boucles fringantes pour
« les fronts étroits et les nez longs. »

Je n'y suis pas.

« Suppléments ingénieux qui donnent du relief
« aux joues plates. »

Ouais !

« Cornettes fuyantes pour faire sortir les yeux en
« avant. »

Ah! voici ce que vous demandez.

« La souris est un petit nœud de nompareille qui
« se place dans le bois. *Nota*. On appelle petit
« bois un paquet de cheveux hérissés, qui gar-
« nissent le pied de la futaie bouclée. »

Mais vous lirez cela à loisir. Allez vite arranger votre toilette. Je vous enverrai mon maître aussitôt qu'il aura fini une petite affaire.

AGATHE. — Qu'il ne me fasse pas attendre au moins. Adieu, Lisette.

LISETTE. — Adieu, Agathe.

SCÈNE VII

LISETTE, PASQUIN.

LISETTE. — On vient à bout de tout en ce monde, quand on sait prendre chacun par son faible : les hommes par les femmes, les femmes par les habits. Çà, il faut à présent nous assurer de ton maître.

PASQUIN. — Il est chez le notaire : il faut qu'il repasse par ici pour aller chez Agathe, et je l'arrêterai pendant que tu iras te déguiser en veuve.

LISETTE. — Récapitulons un peu ce déguisement. Tu es bien sûr que ton maître n'a jamais vu la veuve.

PASQUIN. — Assurément. Sur la réputation qu'elle a dans Poitiers d'être fort riche, mon fanfaron s'est vanté qu'elle était amoureuse de lui. Pour se venger, elle a pris plaisir à se trouver masquée à deux ou trois assemblées où il était, de faire la passionnée ; en un mot, de se moquer de lui, trouvant toujours des excuses pour ne se point démasquer. C'est une gaillarde qui fait mille plaisanteries de cette nature pour égayer son veuvage.

LISETTE. — Puisque cela est ainsi, je contreferai la veuve, comme si je l'étais.

PASQUIN. — Tant pis. Car on ne saurait bien contrefaire la veuve, qu'on n'ait contrefait la femme mariée. L'habit est-il prêt ?

LISETTE. — Oui.

PASQUIN. — Voilà mon maître qui vient.

LISETTE. — Amuse-le pendant que je me déguiserai ; et après, tu iras avertir Agathe qu'elle vienne nous surprendre, tu la feras écouter notre conversation. Laisse-moi faire.

SCÈNE VIII

PASQUIN, seul.

Comment lui tournerai-je la chose ? Mais il ne faut pas tant de façons avec mon maître. Un homme qui se croit aimé de toutes les femmes en est aisément la dupe.

SCÈNE IX

DORANTE, PASQUIN.

PASQUIN. — Monsieur ! monsieur !

DORANTE. — Ne m'arrête point ; Agathe m'attend.

PASQUIN. — Ce n'est plus de mes affaires que je veux vous parler à présent.

DORANTE. — Je meurs d'impatience de la voir. L'amour, Pasquin, l'amour! Ah! quand on a le cœur pris...

PASQUIN. — Fait comme vous êtes, monsieur, je n'eusse jamais deviné que l'amour vous ferait perdre votre fortune.

DORANTE. — Que veux-tu dire par là?

PASQUIN. — Que votre amour pour Agathe vous fait manquer cette veuve de cinquante mille écus.

DORANTE. — Eh! ne t'ai-je pas dit que la sotte est devenue invisible à Poitiers?

PASQUIN. — Apparemment elle voulait éprouver votre constance. L'heureux moment est venu; elle est ici, monsieur.

DORANTE. — Est-il possible?

PASQUIN. — Il n'y a rien de plus vrai, et depuis que vous m'avez quitté... Mais n'en parlons plus, vous avez le cœur pris pour Agathe.

DORANTE. — Achève, Pasquin, achève.

PASQUIN. — Amoureux comme vous êtes, vous ne voudriez pas rompre un mariage d'inclination pour vingt mille écus plus ou moins.

DORANTE. — Il faudra se faire violence. Avec vingt mille écus on achète un régiment, on est utile au prince; tu sais qu'un gentilhomme doit se sacrifier pour les besoins de l'Etat.

PASQUIN. — Entre nous, l'Etat n'a pas grand besoin de vous, puisqu'il vous a remercié de vos services à la tête de votre compagnie.

DORANTE. — Parlons de la veuve, Pasquin.

PASQUIN. — La veuve est venue ce matin de Poitiers pour vos beaux yeux; et depuis que vous m'avez quitté, on vient de m'offrir de sa part cent pistoles, si je puis livrer votre cœur.

DORANTE. — Je serai ravi de te faire gagner cent pistoles. J'aime à m'acquitter, Pasquin.

PASQUIN. — En rabattant sur les gages.

DORANTE. — Çà, que faut-il faire, mon cœur?

PASQUIN. — On est convenu avec moi que le hasard amènerait la veuve sous cet orme dans un quart d'heure.

DORANTE. — Bon!

PASQUIN. — J'ai promis que le même hasard vous y conduirait aussi.

DORANTE. — Fort bien !

PASQUIN. — Il faut que vous vous promeniez, sans faire semblant de rien. Elle va venir, sans faire semblant de rien. Pour lors vous l'aborderez, vous, en faisant semblant de rien ; elle vous écoutera en faisant semblant de rien. Voilà comment se font les mariages des Tuileries.

DORANTE. — Parbleu, tu es un homme adorable !

PASQUIN. — Çà, préparez-vous à aborder la veuve en petit maître. Cachez-vous un œil avec votre chapeau, la main dans la ceinture, le coude en avant, le corps d'un côté, et la tête de l'autre ; surtout gardez-vous bien de vous promener sur une ligne droite, cela est trop bourgeois.

DORANTE. — Ce maraud-là en sait presque autant que moi.

PASQUIN. — Voici l'occasion, monsieur, de faire profiter les talents que vous avez pour le grand art de la minauderie. Ah! si vous pouviez vous souvenir de cette mine que vous fîtes l'autre jour à la comédie, là, une certaine mine qui perdit de réputation cette femme à qui vous n'aviez jamais parlé.

DORANTE. — Que tu es badin !

SCÈNE X

LISETTE, en veuve; DORANTE, PASQUIN.

PASQUIN, bas à Dorante. — Voici la veuve, monsieur; faites semblant de rien ; hem, semblant de rien. (Haut à Dorante, en faisant signe à Lisette.) N'y a-t-il rien de nouveau en Catalogne? Que dit-on de l'Allemagne? Vous avez reçu des lettres de Flandre? La promenade est bien déserte aujourd'hui. De quel côté vient le vent? Mon Dieu! la belle journée!

DORANTE, bas à Pasquin. — Pasquin, la veuve soupire.

PASQUIN, bas à Dorante. — Apparemment, c'est pour le défunt.

DORANTE, bas à Pasquin. — Il faut un peu la laisser ronger son frein. Elle est sensible aux bons airs. Je me sers de mes avantages.

PASQUIN, bas à Dorante. — Vous avez raison; votre geste est tout plein de mérite, et vous avez encore plus d'esprit de loin que de près. Si elle vous entendait chanter, elle serait charmée, monsieur. Ne savez-vous point par cœur quelque impromptu de l'opéra nouveau?

DORANTE, haut à Pasquin. — Je vais chanter, pour me désennuyer, un petit air que je fis à Poitiers pour cette charmante veuve. Hem.

(Il chante.)
Palsambleu, l'Amour est un fat,
L'Amour est un fat;
Sans égard pour ma naissance,
Il me fait soupirer, gémir, sentir l'absence
Comme un amant du tiers état.
Palsambleu, l'Amour, etc.
Il n'est point de belle en France
Que je n'aie soumise à ce petit ingrat;
Et, pour toute récompense,
Il m'enchante comme un forçat.
Palsambleu, l'Amour, etc.

PASQUIN, après que Dorante a chanté. — Vous êtes l'Amour, monsieur!

DORANTE, bas à Pasquin. — C'est assez la faire languir. Ciel! quelle aventure, Pasquin! Je crois que voilà mon aimable invisible dont je te parlais.

PASQUIN. — C'est elle-même.

DORANTE, abordant la veuve. — Par quel bonheur, madame, vous trouve-t-on dans ce village?

LISETTE. — J'y venais chercher la solitude et pleurer en liberté.

PASQUIN. — Retirons-nous donc, monsieur : il est

dangereux d'interrompre les larmes d'une veuve. La vue d'un joli homme fait rentrer la douleur en dedans.

DORANTE. — Je vous l'ai dit cent fois, charmante spirituelle, je suis le cavalier de France le plus spécifique pour la consolation des dames.

LISETTE. — Un cavalier fait comme vous ne saurait en consoler une, qu'il n'en afflige mille autres

DORANTE. — Périssent de jalousie toutes les femmes du monde, pourvu que vous vouliez bien...

LISETTE. — Ah! n'achevez pas, monsieur; je crains que vous ne me fassiez des propositions que je ne pourrais entendre sans horreur; car, enfin, il n'y a encore que huit ans que mon mari est mort.

PASQUIN. — Ah! monsieur, vous allez rouvrir une plaie qui n'est pas encore bien fermée.

DORANTE. — Ah! Pasquin, je sens que mon feu se rallume.

LISETTE. — Hélas! le pauvre défunt m'aimait tant!

PASQUIN, bas à Dorante. — Elle parle du défunt; vos affaires vont bien.

LISETTE. — Il m'a fait promettre en mourant (En baissant la voix.) que je ne me remarierais point.

PASQUIN, bas à Dorante. — Profitez du moment, monsieur : elle est femme; et puisque sa parole baisse, il faut qu'elle soit bien faible.

LISETTE, bégayant. — Je tiendrai... ma promesse... ou bien...

PASQUIN, bas à Dorante. — Elle bégaye, il est temps que je me retire.

DORANTE, bas à Pasquin. — Va-t'en.

SCÈNE XI

DORANTE, LISETTE

DORANTE. — Nous sommes seuls, madame; accordez-moi donc enfin ce que vous m'avez tant de fois refusé Poitiers; levez ce voile cruel...

LISETTE. — Monsieur, l'affliction m'a si fort changée...

DORANTE. — Hé! je vous conjure...

LISETTE, d'un ton de précieuse. — Je ne dors point; la fatigue du carrosse, la chaleur, la poussière, le grand jour... vous me trouverez laide à faire peur.

DORANTE. — Je vous trouverai charmante.

LISETTE. — Vous le voulez?

(Elle lève sa coiffe.)

DORANTE. — Que vois-je?

LISETTE. — Puisqu'il faut vous l'avouer, dès la seconde fois que je vous vis, je formai le dessein de faire votre fortune; mais je voulais vous éprouver. Ah! cruel! fallait-il sitôt vous rebuter?

DORANTE. — Hé! vous avais-je vue, madame

SCÈNE XII

DORANTE, LISETTE, AGATHE, PASQUIN.

(Pasquin amène Agathe pour écouter.)

AGATHE, à part, à Pasquin. — C'est donc pour cela qu'il me faisait tant attendre?

PASQUIN, à part, à Agathe. — Ecoutez...

(Il sort.)

SCÈNE XIII

DORANTE, LISETTE, AGATHE, à part.

DORANTE, à Lisette. — Je l'avoue franchement; à votre refus, j'avais baissé les yeux sur une petite fermière, parce que je trouvais une somme d'argent pour nettoyer de gros biens que j'ai en direction : mais, d'honneur en honneur, je ne l'ai jamais regardée que comme un enfant, une poupée avec quoi on se joue; et depuis les charmantes conversations de Poitiers, vous n'avez point désemparé mon cœur.

AGATHE, à part. — Le traître!

LISETTE. — Apparemment que je vous crois, puisque je veux bien vous donner ma main. Mais, avant toutes choses, il faut que vous disiez à Agathe, en ma présence, que vous ne l'avez jamais aimée.

DORANTE. — En votre présence?

LISETTE. — Quoi! vous hésitez?

DORANTE. — Nullement. Mais enfin, dire en face à une femme que je ne l'aime point, c'est l'assassiner : le coup est mortel, madame, et je dois avoir des ménagements pour une pauvre petite créature, qui...

LISETTE. — Qui...

DORANTE. — Qui, puisqu'il faut vous faire la confidence, a eu pour moi certaines faiblesses. Je suis galant homme.

AGATHE, à part. — Comme il ment!

DORANTE. — Mais, madame, je quitte tout pour vous suivre. Je me laisse enlever, je vous épouse : faut-il d'autres marques de mon amour?

LISETTE. — Au moins, je vous ordonne d'aller tout présentement rompre l'engagement que vous avez avec le père.

DORANTE. — Oh! pour cela, volontiers.

LISETTE. — Allez promptement, et revenez dans une demi-heure m'attendre sous cet orme.

DORANTE. — Je vais vous satisfaire.

LISETTE. — Sous l'orme, au moins.

SCÈNE XIV
AGATHE, LISETTE.

AGATHE, à part, n'osant aborder la veuve. — Il faut que je sache d'elle... Mais me ferai-je connaître après ce qu'on lui vient de dire de moi?

LISETTE. — Mon Dieu! la jolie mignonne! Qu'elle est aimable! Me voulez-vous parler?

AGATHE, n'osant l'aborder. — Non.

LISETTE. — Mais je crois vous avoir vue quelque part. N'êtes-vous pas la belle Agathe?

AGATHE. — Je ne sais pas.

LISETTE. — Ne craignez rien, ma bouchonne. Vous m'aviez enlevé mon amant ; mais je suis déjà vengée, puisqu'il vous a sacrifiée à moi.

AGATHE. — Le traître !

LISETTE. — Vous êtes bien fâchée, n'est-ce pas, de perdre un si joli petit homme ?

AGATHE. — Je ne suis fâchée que de ce qu'il vous vient de dire des faussetés de moi. Il dit que j'ai eu des faiblesses pour lui : ah ! ne le croyez pas au moins, madame ; c'est un méchant qui en dira autant de vous.

LISETTE rit. — Ha ! ha !

AGATHE. — Vous riez ! Est-ce que vous me soupçonnez de ce que ce menteur-là vous a dit ?

LISETTE. — Dorante ne saurait mentir ; il est gentilhomme.

AGATHE. — Que je suis malheureuse ! Quoi ! vous croyez ?

LISETTE, se dévoilant. — Oui, je crois...

AGATHE. — C'est Lisette !

LISETTE. — Je crois, comme je l'ai toujours cru, que vous êtes fort sage, et que Dorante est le plus grand scélérat. Mais je suis contente, vous avez tout entendu. Ce n'est pas sa faute, comme vous voyez, si je ne suis qu'une fausse veuve. Eh bien ! que vous dit le cœur présentement ?

AGATHE. — Hélas ! j'ai trahi Colin : Colin m'aime-t-il encore ?

LISETTE. — Il fera tout comme s'il vous aimait ; et sitôt que vous lui aurez dit un mot, il ne songera plus qu'à se venger de Dorante.

AGATHE. — Ah ! qu'il ne s'y joue pas : Dorante m'a dit qu'il était bien méchant.

LISETTE. — Il s'agit d'une vengeance qui servira de divertissement à toute notre petite société galante. Il sera berné... qu'il ne manquera rien.

SCÈNE XV
COLIN, AGATHE, LISETTE.

COLIN, à part, sans apercevoir Agathe. — Pasquin me vient de dire que tout allait bien, pourvu que je patientisse : mais, quand je devrais tout gâter, je ne saurais plus me tenir en place; je sis trop amoureux.

AGATHE, à Colin, fâchée de l'avoir trahi. — Ah! Colin, Colin!

COLIN, à Agathe, qu'il aperçoit. — Ce n'est pas de vous au moins que je dis que je sis amoureux : il ferait beau var que j'aimisse encore eune... ingrate!

AGATHE. — Il est vrai.

COLIN. — Eune... infidèle!

AGATHE. — Oui, Colin.

COLIN — Eune... changeuse!

AGATHE. — Hélas! je n'aime pas trop à changer; mais c'est que cela me vint malgré moi tout d'un coup, parce que je n'avais jamais vu d'homme fait comme Dorante.

COLIN. — Oui, vous êtes une traîtresse.

AGATHE. — Oh! pour traîtresse, non... Ne vous avais-je pas averti que je voulais aimer Dorante?

COLIN, étouffant de colère et d'amour. — Eune... aouf! gnia pu moyen de retenir mon naturel. Baille-moi ta main.

AGATHE. — Ah! Colin, que je suis fâchée!

COLIN. — Ah! que je sis aise, moi!

LISETTE. — Vous allez user toute votre tendresse; gardez-en un peu pour quand vous serez mariés, vous en aurez besoin. Çà! Dorante va venir m'attendre sous l'orme; nous avons résolu de nous moquer de lui. Pierrot, Nanette et Licas nous doivent aider; ils sont là tout prêts. Les voici.

SCÈNE XVI
LISETTE, COLIN, AGATHE, NANETTE,
deux Bergers.

LISETTE, à Nanette et aux bergers. — Qui vous a donc avertis qu'il était temps?

NANETTE, à Lisette. — Nous avons vu de loin qu'elle se laissait baiser la main par Colin; nous avons jugé...

COLIN, à Nanette. — C'est signe qu'al' a retrouvé l'esprit qu'al' avait pardu.

AGATHE. — Que je suis honteuse, Nanette, d'avoir été trompée par un homme!

NANETTE. — Hélas! à qui est-ce de nous autres que cela n'arrive point? Mais nous allons faire voir à ce petit coquet de Dorante qu'il ne sait pas son métier puisqu'il donne le temps à une fille de faire ses réflexions.

LISETTE. — Tous vos petits rôles de raillerie sont-ils prêts?

NANETTE. — Bon! notre Licas et notre Pierrot feraient un opéra en deux heures.

LISETTE. — Oui, je vais vous donner votre rôle.

NANETTE. — Voici Dorante. Retirez-vous; c'est à moi à commencer.

(Ils sortent.)

SCÈNE XVII

DORANTE, seul, venant au rendez-vous que lui a donné la veuve.

Voici à peu près l'heure du rendez-vous. J'ai bien fait de ne point voir ni le père ni la fille : si la veuve m'allait manquer, je serais bien aise de retrouver Agathe. J'entends des villageois qui chantent; laissons-les passer.

SCÈNE XVIII

DORANTE, NANETTE, NICAISE. Nicaise finit une chanson à une paysanne qui le fuit.

NANETTE. — Mon pauvre Nicaise, tu perds ton temps et ta chanson. Il est vrai que je t'ai aimé; mais c'est justement pour cela que je ne t'aime plus. Ce sont là nos règles.

NICAISE chante.

Lorsque tu me promis, sous cet orme fatal,
Que je triompherais bientôt de mon rival,
Tu m'en voulus donner une preuve certaine,
    Ah ! que n'en ai-je profité !
    Je ne serais plus à la peine
De te reprocher ton infidélité.

NANETTE chante.

    Il est vrai que ma franchise
        Fut surprise
Par tes discours trompeurs et par ton air charmant ;
Mais j'ai passé l'écueil du dangereux moment.
    J'ai pensé faire la sottise :
      Tu ne m'as pas prise au mot ;
        Tu seras le sot.
        Tu seras le sot.
        Tu seras le sot.

SCÈNE XIX

DORANTE, seul.

Ces Poitevines sont galantes naturellement. Mais la veuve tarde beaucoup.

SCÈNE XX

DORANTE, PASQUIN.

PASQUIN. — Ah ! monsieur, nous jouons de malheur.

DORANTE. — Qu'y a-t-il donc ?

PASQUIN. — La veuve est partie, monsieur ; une de ses tantes est venue l'enlever à ma barbe. Tout ce que la pauvrette a pu faire, c'est de sortir la tête par la portière du carrosse et de me faire signe de loin qu'elle ne laisserait pas de vous aimer toujours.

DORANTE. — Se serait-elle moquée de moi ?

PASQUIN. — Monsieur, j'ai sellé votre anglais ; le voilà attaché à la porte : si vous voulez suivre le carrosse, il n'est pas encore bien loin.

PASQUIN, se moquant de Dorante. — Nous sommes trahis ; on nous berne, monsieur.

DORANTE. — Ceci me confond.

    LISETTE chante à Dorante.
  Vous qui pour héritage
  N'avez que vos appas,
  L'argent ni l'équipage
  Ne vous manqueront pas ;
  Malgré votre réforme,
  La veuve y pourvoira ;
  Attendez-la sous l'orme,
  Peut-être elle viendra.

    AGATHE chante à Dorante.
  La fille de village
  Ne donne à l'officier
  Qu'un amour de passage ;
  C'est le droit du guerrier.
  Mais le contrat en forme,
  C'est le lot du fermier :
  Attendez-moi sous l'orme,
  Monsieur l'aventurier.

    COLIN chante.
  Un jour notre goulu de chat
  Tenait la souris sous la patte ;
 Mais al' était pour li trop délicate,
  Il la lâchait pour prendre un rat.

PASQUIN à Dorante. — Voilà de mauvais plaisants, monsieur. Votre cheval est sellé.

    (Dorante veut tirer son épée.)

PIERROT, arrêtant Dorante. — Tout bellement, ou nous ferons sonner le tocsin sur vous.

DORANTE. — Je viendrai saccager ce village-ci avec un régiment que j'achèterai exprès.

LISETTE. — Ce sera des deniers de la veuve.

    (Dorante s'en va.)

(Le village poursuit Dorante, en dansant et chantant :)
  Attendez-moi sous l'orme,
  Vous m'attendrez longtemps.

LA COQUETTE

PERSONNAGES.

TRAFIQUET.
COLOMBINE, fille } de Trafiquet.
ISABELLE, nièce }
LE COMTE, amant de Colombine.
 Octave.
ARLEQUIN, bailli du Maine.
PIERROT, } domestiques de
MARINETTE, } Trafiquet.
MEZZETIN, } valets du comte.
PASQUARIEL, }
BAGATELLE laquais de Colombine

M. NIGAUDIN, conseiller au présidial de Beauvais. *Mezzetin*.
UN CAPITAINE. *Arlequin*.
UN SERGENT.
MADAME PINDARET, bel esprit.
MARGOT, couturière.
UN LAQUAIS de M. Nigaudin.
UN LAQUAIS de madame Pindaret.
FOURBES de la suite de Mezzetin et autres personnages muets.

(La scène est à Paris, chez Trafiquet.)

ACTE PREMIER

SCÈNE I

ARLEQUIN, en colère, se retournant, à la cantonade.
Vous en avez menti, messieurs les commis de la barrière, je ne dois rien : vous êtes des fripons. On est plus assuré au milieu des bois que dans ce maudit pays-ci ; on ne saurait faire un pas qu'on ne trouve un filou. Il n'y a pas une demi-heure que je suis arrivé dans Paris, et me voilà déjà presque tout déshabillé... Au voleur ! au voleur ! Quelle maudite nation ! A peine suis-je entré dans la ville, qu'on fait derrière mon cheval l'opération à ma valise ; on en tire les hardes, et on la fait accoucher avant terme. En descendant à

l'hôtellerie, on m'escamote ma casaque. Je fais deux pas dans la rue, un fiacre me couvre de boue depuis les pieds jusqu'à la tête ; un porteur de chaise me donne d'un de ses bâtons dans le dos ; il vient un homme me saluer : je lui ôte mon chapeau, un coquin par derrière m'arrache ma perruque ; et, pour comble de friponneries, on veut me faire payer l'entrée à la porte comme bête à cornes, parce que je viens pour me marier... Attendez donc que je sois...

SCÈNE II

ARLEQUIN, MEZZETIN.

ARLEQUIN. — Monsieur, n'êtes-vous pas un coupeur de bourses ?
(Au lieu de répondre, Mezzetin tourne autour de lui, l'examine en se moquant de lui ; et Arlequin fait des lazzis de frayeur. Le restant de cette scène consiste dans un jeu italien.)

SCÈNE III

Le théâtre change et représente l'appartement de Colombine : elle est à sa toilette, et Isabelle prélude sur un clavecin

COLOMBINE, ISABELLE.

COLOMBINE. — Holà, quelqu'un ! N'ai-je là personne ? Cascaret ! Jasmin ! Pierrot ! Bagatelle ! Bagatelle !

SCÈNE IV

COLOMBINE, ISABELLE, PIERROT, BAGATELLE.

COLOMBINE, à Bagatelle. — D'où vient, petit garçon, qu'il faut vous appeler tant de fois ?
BAGATELLE. — Mademoiselle, c'est que j'achevais ma main au lansquenet.

COLOMBINE. — N'est-il venu personne me demander?
BAGATELLE. — Il est venu cinq ou six personnes; mais j'ai oublié leurs noms et ce qu'ils m'ont dit.
COLOMBINE. — Le petit étourdi!
PIERROT. — M, le conseiller a dit qu'il allait revenir. Il est venu aussi cette grande femme qui a le visage si creux, qui vous viendra voir tantôt, quand elle aura été chez son libraire.
COLOMBINE. — C'est notre bel-esprit; je la tiens quitte de sa visite dès à présent. (A Bagatelle.) Venez çà; allez chez ma couturière, et dites-lui que je veux avoir mon habit aujourd'hui.
BAGATELLE. — Ne lui dirai-je pas aussi de nous faire des culottes? La mienne est toute déchirée entre les jambes, et ma chemise passe, révérence, parler, par...
COLOMBINE. — Taisez-vous, petit sot, et faites ce que je vous dis.

SCÈNE V

ISABELLE, COLOMBINE.

ISABELLE. — Eh bien! cousine, as-tu bientôt mis la dernière main à ton visage?
COLOMBINE. — Dis-moi, je te prie, comment me trouves-tu aujourd'hui?
ISABELLE. — A charmer.
COLOMBINE. — J'ai beau arranger mes traits, il me semble qu'il y en a toujours quelqu'un qui se révolte contre mon économie.
ISABELLE. — Je t'assure que tu es d'un air à mettre à contribution tous les cœurs de la ville.
COLOMBINE. — Je sais bien, sans vanité, que j'ai quelque agrément; mais avec un peu de beauté, et trois ou quatre mouches sur le nez, une fille ne va pas loin dans le siècle où nous sommes. Il faut de cela pour plaire (Elle se touche le front.) et pour attraper un

époux ; voilà le point difficile. Nous avançons en âge tout doucement, et nous sommes assez fortes pour bien soutenir une thèse en mariage.

ISABELLE. — J'en tombe d'accord. Crois-tu, cousine, que j'aie le cœur plus dur que toi ? Je sens quelquefois qu'une fille n'est pas née pour vivre seule : je t'avouerai même que j'emploie tout mon esprit pour attirer quelque amant dans le filet conjugal. Mais ces hommes sont des pestes de poissons rusés qui viennent badiner autour de l'appât, et mordent rarement à l'hameçon. Le mariage se décrie de jour en jour ; je crois, pour moi, que nous allons voir la fin du monde.

COLOMBINE. — Que tu es folle ! Quoique le mariage ne soit plus guère à la mode, les hommes ont beau faire, ils ne sauraient se passer de nous. Leur répugnance pour le mariage vient de la simplicité des filles, qui ne savent pas jouer leur rôle. L'homme est un animal qui veut être trompé.

ISABELLE. — Je ne m'applique nuit et jour à autre chose. Je relève, avec l'art, les agréments que la nature m'a donnés ; je joins à quelque brillant d'esprit les talents de la poésie et de la musique : pour mes manières, elles sont douces et insinuantes, et avec tout cela, point d'épouseurs.

COLOMBINE. — Mais que prétendent donc tous ces petits messieurs-là ?

ISABELLE. — C'est ce que je ne conçois pas. On sait bien qu'il y a de certaines avances qui accrochent quelquefois. Mais vous en aurez menti, messieurs les soupirants ; et si j'accorde quelque faveur, ce ne sera, ma foi, que par-devant notaire, et en vertu d'un bon parchemin bien signé.

COLOMBINE. — Cependant ce n'est pas une chose si difficile que tu le penses, d'engager un homme. Savoir risquer un billet dans son temps, marcher sur le pied à l'un, tendre la main à l'autre, se brouiller avec celui-ci, se raccommoder avec celui-là : crois-moi, avec ce petit manège-là, il faut, bon gré, mal gré, que quelque bête donne dans les toiles.

ISABELLE. — Il me semble que tu copies assez bien une coquette d'après nature. Prends-y garde, au moins; on ne fait plus guère de fortune à ce métier-là.

COLOMBINE. — Bon! il n'y a plus que les sottes qui se persuadent d'attraper des hommes par des airs composés. Cousine, le monde m'en a plus appris qu'à toi, et je te suis caution qu'une fille n'est piquante qu'autant qu'elle a pris sel dans la coquetterie.

ISABELLE. — Vraiment! ce ne sont pas là les maximes de ma mère, qui me prône tous les jours que la coquetterie est l'antipode du mariage, et j'ai ouï dire cent fois à mon oncle qu'une fille coquette ressemble à ces vins pétillants dont tout le monde veut tâter et dont personne ne veut acheter pour son ordinaire.

COLOMBINE. — Voilà-t-il pas mes contes de grand mère, qui condamnent dans leurs enfants les plaisirs que l'âge leur refuse? Je veux, moi, te donner des conseils pour le mariage, plus courts et plus faciles, et afin que tu les retiennes mieux, je vais te les lire en vers.

ISABELLE. — En vers, ma petite! Ah! c'est ma folie.

COLOMBINE. — N'en perds pas une syllabe.

(Elle lit.)

PORTRAIT D'UNE COQUETTE, OU VRAIE MORALE D'UNE FILLE A MARIER.

Une fille qui veut se faire
Un époux, parmi ses amants,
Doit changer à tous les moments
Et de visage et de manière;
Tantôt, d'un air modeste, elle entre dans un cœur,
Sous un faux semblant de sagesse;
Et tantôt, rallumant un feu de belle humeur,
Elle y porte à la fois la joie et la tendresse;
Elle sait finement, par un mélange heureux,
Délayer la douceur avecque la rudesse,
Du frein de l'éperon usant avec adresse,
Suivant que l'animal est vif ou paresseux.

ISABELLE. — Ce début-là est vif; je ne sais pas comment sera le reste.

COLOMBINE. — Rien ne se démentira.

(Elle continue de lire.)
Pour conserver un cœur qu'elle a su préparer,
  Elle tient toujours la balance
  Entre la crainte et l'espérance,
Laissant un pauvre amant doucement s'enferrer.
Si quelqu'un, rebuté de son trop long martyre,
  Cherche à s'échapper du filet,
Par de fausses bontés alors on le retire:
On écrit, et Dieu sait le style du billet !
Un roi ne payerait pas tout ce qu'on lui promet:
  On se désespère, on soupire;
  Trac, l'oiseau rentre au trébuchet.

ISABELLE. — Au trébuchet ! Un mari ne se prend pas comme un oiseau ; il faut bien d'autres piéges.

COLOMBINE. — Je te dis qu'en amour ils sont si niais, qu'une fille qui sait un peu son métier en va tromper trente à la fois. (Elle poursuit sa lecture.)

Lui parle-t-on d'amour...

ISABELLE. — Encore?

COLOMBINE. — Voici le dernier. Dame ! il entre bien des ingrédients dans la composition d'une coquette.

Lui parle-t-on d'amour, vante-t-on ses appas,
Elle impose silence en faisant la novice;
Elle fait expliquer ceux qui n'en parlent pas,
  Et sait se démonter à visse:
D'un rire obéissant son visage est paré ;
Le robinet des pleurs s'ouvre et ferme à son gré;
Et, dispensant ainsi la rigueur, la tendresse
  (Crois-moi, cousine), en cet état,
C'est jour de malheur, après tant de souplesse,
  Si quelque dupe enfin ne tâte du contrat.

ISABELLE. — Savante comme tu l'es, tu devrais te mettre à montrer le coquétisme en ville ; tu serais bientôt riche.

COLOMBINE. — Je n'y gagnerais pas de l'eau: toutes les filles savent cela. Dans le fond, on n'a que de bonnes intentions. Et quel reproche peut faire un homme quand une fille ne le trompe qu'en vue de mariage?

SCÈNE VI

COLOMBINE, ISABELLE, BAGATELLE.

BAGATELLE. — Mademoiselle, voilà M. le comte Octave.

COLOMBINE. — Qu'il entre.

SCÈNE VII

ISABELLE, COLOMBINE.

ISABELLE. — Je te laisse avec lui ; car apparemment c'est un épouseur ; et ma mère m'attend.

COLOMBINE. — Bon ! ta mère t'attend : va, va, elle est la maîtresse ; elle attendra tant qu'elle voudra : demeure ici ; tu en apprendras plus avec moi en un quart d'heure que tu ne feras en toute ta vie avec ta mère. C'est une façon de mari.

ISABELLE. — Tu l'aimeras donc ?

COLOMBINE. — Que tu es sotte ! Ne t'ai-je pas dit cent fois que j'aime tout le monde sans aimer personne ? Mon père m'a défendu de le voir, parce qu'il me destine à un bailli du Maine, qui doit arriver dans peu. Ne suis-je pas bien malheureuse ! Car imagine-toi ce que c'est qu'un bailli, et un bailli du Maine.

SCÈNE VIII

COLOMBINE, ISABELLE, OCTAVE, MEZZETIN.

OCTAVE. — Malgré la rigueur de votre père, je viens vous assurer, mademoiselle, que je perdrai plutôt la vie que l'espérance d'être un jour votre époux.

MEZZETIN. — Oui, mademoiselle, nous avons résolu cela ; et s'il ne vous épouse, je vous épouserai, moi.

ISABELLE, bas, à Colombine. Cousine, voilà du gibier à trébuchet.

COLOMBINE. — Vous savez, Octave, quels sont mes sentiments pour vous, cela vous doit suffire. Ne parlons point d'amour, si ce n'est en chansons. Vous chantez bien ; voilà ma cousine qui accompagne parfaitement du clavecin ; je veux vous entendre ensemble.

OCTAVE. — Mais, mademoiselle, chanter dans l'état où je suis ; pénétré de douleur, désespéré...

COLOMBINE. — Bon ! bon ! Si vous n'avez pas la force de chanter, vous soupirerez ; c'est la langue la plus familière aux amants. Allons, qu'on approche le clavecin. Mezzetin, prenez bien garde que mon père ne vienne.

ISABELLE. — Tu me mets là, cousine, à une rude épreuve.

(Octave chante ; Isabelle l'accompagne.)

SCÈNE IX

COLOMBINE, ISABELLE, OCTAVE, MEZZETIN, TRAFIQUET, PIERROT.

TRAFIQUET *appelle en entrant sur la scène.* — Holà ! quelqu'un ! Pierrot ! Pierrot !

PIERROT. — Me voilà, me voilà, monsieur. Vous criez plus fort qu'un fiacre mal graissé.

TRAFIQUET, sans voir Octave. — Avec qui diable es-tu donc ? Il faut t'appeler vingt fois.

PIERROT. — Je suis avec l'amour.

TRAFIQUET. — Oh ! oh ! voilà du nouveau. Tu es donc amoureux ?

PIERROT. — Je ne dors, ni ne veille ; je sens toujours là un tintamarre, comme s'il y avait un régiment de lutins.

TRAFIQUET. — Il faut prendre patience. (Apercevant Octave.) Mais, que vois-je ? c'est Octave ! Eh ! que faites-vous donc ici, s'il vous plaît ? Ne vous avais-je pas prié de n'y plus venir ?

(Octave et Mezzetin font une révérence.)

PIERROT. — Puisque monsieur vous l'a défendu, pourquoi y revenez-vous ?

TRAFIQUET. — Est-ce que vous prétendez, mon petit monsieur, épouser ma fille malgré moi ?

(Octave et Mezzetin font une autre révérence.)

IERROT. — Monsieur, n'allez pas souffrir cela ; on vous prendrait pour un insensé.

TRAFIQUET. — Mais, monsieur, encore une fois, je n'ai que faire de vos révérences : répondez à ce que je vous demande.

(Octave et Mezzetin sortent, après avoir fait encore une révérence.)

SCÈNE X

TRAFIQUET, COLOMBINE, ISABELLE, PIERROT.

TRAFIQUET. — Vous ferez bien. messieurs de la révérence, de ne regarder ma porte qu'avec une lunette ; je vous saluerais d'une manière... Quelle plaisante conversation ! toujours des révérences !

PIERROT. — Va, va, tu n'as qu'à y revenir ; je te ferai danser un branle de sortie sans violons.

TRAFIQUET, à Colombine. — Et vous, mademoiselle l'impertinente, ne vous ai-je pas défendu de le voir ? Savez-vous que, quand je commande, je veux être obéi ?

(Colombine et Isabelle font une révérence.)

PIERROT. — Elles ont appris à danser du même maître.

TRAFIQUET. — Ne t'ai-je pas dit que je ne voulais pas que tu songeasses davantage à cet homme-là pour être ton époux ?

(Colombine et Isabelle font encore une révérence.)

PIERROT. — Fi ! ce n'est pas là votre fait.

TRAFIQUET. — Ecoutez, ne m'échauffez pas les oreilles ; il y a des maisons à Paris où l'on réduit les filles désobéissantes. Merci de ma vie !

(Colombine et Isabelle sortent en faisant une grande révérence.)

SCÈNE XI

TRAFIQUET, PIERROT

PIERROT. — Ma foi, monsieur, il faut dire la vérité, voilà des filles bien civiles.

TRAFIQUET. — Mais que veulent donc dire toutes ces cérémonies-là ? Voilà une nouvelle manière de répondre. Allons, allons ; il faut faire cesser tout ce manége-là. J'attends aujourd'hui un gendre qui me vient du Bas-Maine ; je veux envoyer savoir s'il est venu. Pierrot ! (Pierrot fait une révérence en fille.) Ah ! monsieur le maraud ! je crois que vous voulez rire aussi. Si je prends un bâton... (Pierrot fait une autre révérence.) Quoi ! tu t'en mêles aussi !

PIERROT. — Mais, monsieur, est-ce que vous voulez m'empêcher d'être civil ? Qu'est-ce que vous me voulez ?

TRAFIQUET. — Je veux que tu passes chez M. Fesse-Mathieu, pour le prier de venir ici ; et que tu ailles de là dans la rue de la Huchette, savoir si le messager du Mans est arrivé.

PIERROT. — Bon, bon, bon, monsieur. Vous attendez donc quelque panier de volaille ?

TRAFIQUET. — J'attends le bailli de Laval, qui vient pour être mon gendre.

PIERROT. — Quoi ! tout de bon ? Un homme du Maine pour être le mari de votre fille ?

TRAFIQUET. — Assurément.

PIERROT. — Fi ! monsieur, n'en faites rien ; il ne vient que des chapons de ce pays-là.

(Scènes italiennes.)

SCÈNE XII

COLOMBINE, PIERROT.

COLOMBINE plie une lettre. — Une bougie... Est-ce que tu n'entends pas que je demande une bougie pour cacheter une lettre ?

ACTE I, SCÈNE XII

PIERROT, *faisant des mines à Colombine*. — Pardonnez-moi... mais... c'est que... en vérité... mademoiselle; je m'en vais...

COLOMBINE. — Pour moi, je ne sais plus quelle maladie a attaqué le cerveau de cet animal-là : il ne voit plus, il n'entend plus ; il a assurément quelque chose de brouillé dans son timbre. (*Pierrot apporte un manchon.*) Tu veux donc que je cachette une lettre avec un manchon ? Je te demande une bougie, m'entends-tu ? Je crois qu'il me fera perdre l'esprit. (*Pierrot fait encore des mines.*) Oh ! oh ! voilà une nouvelle folie que je ne lui connaissais pas encore. Depuis quand as-tu perdu la parole ? Parle, réponds; dis donc à qui tu en as.

PIERROT. — Je n'oserais ; je sens là un tourbillon, un étouffement de la nature... heurtant contre l'amour. Tenez, voilà une lettre qui vous dira tout cela.

COLOMBINE. — Que signifie donc cette cérémonie-ci ? Je trouve cela assez plaisant. Voyons donc ce que dit cette lettre.

(Elle lit.)

« Comme il n'y a point d'animal dans le monde qui
« n'aime quelque autre animal, c'est ce qui fait que je
« vous aime. Autre chose ne peut vous dire votre très-
« humble serviteur et fidèle amant,

« PIERROT. »

Mon très-humble serviteur et fidèle amant, Pierrot. Ah ! ah ! voilà donc où le bât vous blesse, monsieur l'amoureux ! En vérité, je suis ravie d'avoir fait une pareille conquête.

PIERROT. — Eh ! mademoiselle, je sais bien que mon mérite n'est pas capable de mériter... mais, d'un autre côté... voilà que l'occasion... votre beauté... Je ne suis pas bien riche; mais, ma foi, je suis un bon garçon.

COLOMBINE. — J'entends cela le mieux du monde ; mais je vous prie, monsieur Pierrot, d'étouffer un peu vos hoquets de tendresse, et d'aller porter cette lettre à M. de La Maltotière.

PIERROT, *en s'en allant*. — Ah ! petit cocodrille ! Ouf !

SCÈNE XIII

COLOMBINE, seule.

La conquête de Pierrot n'est pas bien illustre; je sens néanmoins une secrète joie de voir que rien ne m'échappe. Quelque sévérité qu'affectent les femmes, elles ne sont jamais fâchées de s'entendre dire qu'on les aime.

SCÈNE XIV

COLOMBINE, UN LAQUAIS.

LE LAQUAIS, annonçant. — Mademoiselle, voilà M. le conseiller Nigaudin.

SCÈNE XV

COLOMBINE; NIGAUDIN, en habit de ville et en épée; UN LAQAIS de Nigaudin.

COLOMBINE. — En vérité, monsieur Nigaudin, j'ai lieu de louer votre diligence : nous ne devons partir pour la comédie que dans deux heures, et je suis ravie de pouvoir, pendant ce temps-là, profiter de votre conversation.

NIGAUDIN, toussant. — Mademoiselle, quand il s'agira de vous offrir ses hommages, on n'obtiendra point de défaut contre moi : en cas de rendez-vous auprès des dames, je ne me laisse jamais contumacer, et je me rends bien vite à l'ajournement personnel.

COLOMBINE. — Ah! monsieur, que vous dites les choses galamment! Vous avez un tour aisé et naturel dans les expressions, que les autres n'ont point, et il semble toujours que vous demandiez le cœur, quelque indifférente chose que vous disiez.

NIGAUDIN. — Moi, mademoiselle? Je ne vous demande rien; vous me prenez donc pour un escroc? (*Il est vrai que nous autres gens de robe, la plupart, nous avons la belle élocution à commandement.*) Tout franc, mademoiselle, les gens d'épée n'ont point le boute-dehors comme nous.

COLOMBINE. — Fi! ne me parlez point des gens d'épée; ils n'auraient jamais rien à vous dire, s'ils ne vous étourdissaient de leurs bonnes fortunes et s'ils ne vous faisaient le calcul du nombre des bouteilles qu'ils ont vidées. Pour moi, je ne conçois pas bien la manie de la plupart des femmes d'aujourd'hui; on ne saurait leur plaire, si l'on ne revient de Flandre ou d'Allemagne, et si l'on ne rapporte à leurs pieds un cœur tout persillé de poudre à canon.

NIGAUDIN. — Ma foi, il y a bien de l'entêtement; car, entre nous, il n'y a point de gens qui tiennent une procédure si irrégulière auprès des dames, que les gens de guerre : ils sont brusques et entreprenants sur le fait des faveurs, et n'observent jamais les délais fixés par l'ordonnance de l'amour.

COLOMBINE. — Il est vrai qu'on n'est point en sûreté contre leurs entreprises, et quand ils sont chez les dames, ils s'imaginent être dans un quartier d'hiver à vivre à discrétion.

NIGAUDIN. — A propos de quartier d'hiver, mademoiselle, il me semble qu'ils sont venus cette année quinze jours plus tôt pour moi.

COLOMBINE. — Pourquoi donc, monsieur?

NIGAUDIN. — J'avais hypothèque spéciale sur votre cœur, sans ce visage d'épétier qui est arrivé, et qui se prétend privilégié sur la chose; mais, ventrebleu! nous verrons.

COLOMBINE. — Eh! que craint-on, monsieur, quand on est fait comme vous?

NIGAUDIN. — Il est vrai qu'un juge craint fort peu de chose; mais la plupart de ces gens de guerre sont des brutaux qui usent d'abord des voies de fait. Nous autres, nous faisons notre affaire en douceur, et nous n'aimons pas le fracas de la brette.

COLOMBINE. — Vous avez assez d'autres endroits pour vous faire distinguer.

NIGAUDIN. — Ce n'est pas, ventrebleu ! qu'on n'ait du cœur. Je voudrais que vous me vissiez aux buvettes ; je fais tout trembler ; et si tous mes confrères les praticiens me ressemblaient, il ne se recevrait pas le quart des nasardes qui se donnent tous les jours.

COLOMBINE. — Je gagerais, à votre air, que vous opinez l'épée à la main, et je vous prendrais quelquefois pour un colonel de robe.

NIGAUDIN. — Vous trouvez donc mon habit joli ? C'est un petit déshabillé de chasse que je me suis fait faire pour la cour. N'est-il pas vrai que l'épée me sied bien ?

COLOMBINE. — A charmer.

NIGAUDIN. — Je sens quelquefois des convulsions de bravoure que je ne saurais retenir. (Il tousse.) J'étais né pour la guerre ; mais mon père, voyant que j'avais trop d'esprit pour ce métier-là, me mit dans notre présidial de Beauvais, et m'acheta une charge d'assesseur.

COLOMBINE. — Ah ! monsieur l'assesseur, si vous débrouillez aussi bien un procès que vous savez vous faire jour dans un cœur, que vous êtes un juge éclairé !

NIGAUDIN. — Tout franc, mademoiselle, je ne me plains pas de mes lumières, et je vous avoue que j'ai une pénétration d'esprit qui me surprend quelquefois. Je jugeai dernièrement un gros procès à l'audience, dont je n'avais pas entendu un mot.

COLOMBINE. — Pas un mot ! et comment avez-vous pu rendre la justice ?

NIGAUDIN. — Bon ! dans tous les procès, il n'y a qu'une routine. L'une des parties m'avait envoyé un carrosse de cent pistoles, et l'autre deux chevaux gris de six cents écus ; vous jugez bien qui avait le bon droit.

COLOMBINE. — Oh ! je sais que deux chevaux gris mènent un procès bien rondement.

NIGAUDIN. — Ma foi, vous avez raison ; les chevaux entraînèrent le carrosse.

SCÈNE XVI

LE CAPITAINE, COLOMBINE, NIGAUDIN,
LAQUAIS de M. Nigaudin.

LE CAPITAINE, en dedans. — Parbleu! mon ami, je crois que tu ne me connais pas.

COLOMBINE. — Ah! monsieur, vous êtes perdu si cet homme-là vous trouve ici.

NIGAUDIN. — Comment donc?

COLOMBINE. — C'est un officier qui est jaloux à la fureur; il a déjà tué cinq ou six hommes, pour n'avoir fait que me regarder.

NIGAUDIN. — Cinq ou six hommes! voilà qui est bien brutal. Holà! hé! laquais.

(Il se déshabille et met son rabat.)

COLOMBINE. — Eh! que faites-vous, monsieur? A quoi vous amusez-vous là?

NIGAUDIN. — Je sais bien ce que je fais. Il faudra qu'il soit bien lâche, s'il me bat sans épée. Pour plus grande sûreté, vite, qu'on me donne ma robe.

COLOMBINE. — Votre robe! et où est-elle?

NIGAUDIN. — Je ne vais jamais sans cela; on ne sait pas ce qui peut arriver.

COLOMBINE. — Ah! monsieur, ne vous y fiez pas; vous auriez toutes les robes du palais sur le corps, qu'il...

LE CAPITAINE, toujours en dedans. — Par la mort! par la tête! si tu ne me laisses entrer, je mettrai le feu à la maison.

COLOMBINE. — Que je suis malheureuse! Le voilà qui entre. Tenez, cachez-vous vite sous cette table-là, et ne remuez pas.

NIGAUDIN, se mettant sous la table. — Ah! ma maudite toux me va trahir.

LE CAPITAINE, entre sur la scène. — Comment, mordi! mademoiselle; il est plus difficile d'entrer chez vous que de prendre trois demi-lunes l'épée à la main. Si vous ne changez de portier, ma foi, il faudra rompre tout commerce avec vous. Malepeste! une cravate de Malines qui n'est plus propre qu'à faire de la charpie! Voilà qui est fait, je ne rends plus de visites qu'à des portes bâtardes.

COLOMBINE. — Monsieur, je suis bien fâchée de l'accident de votre cravate; mais...

LE CAPITAINE. — Mais, mademoiselle, on est bien aise de conserver le peu qu'on a de linge. Je suis revenu trente fois de l'assaut en meilleur équipage. Il est vrai qu'une jolie personne comme vous est un redoutable ouvrage à cornes. (Il râpe du tabac; Nigaudin tousse.) Hem! plaît-il?

COLOMBINE. — Ce n'est rien, monsieur... Que voilà un habit bien entendu!

LE CAPITAINE. — Je ne suis pas mal fait, oui; je dois ma taille à une douzaine de bouteilles de vin que je bois réglément par jour : un grand ventre sied bien à la tête d'un bataillon. (Nigaudin tousse.) Ouais! qu'est-ce donc que j'entends?

COLOMBINE. — Ce n'est rien, vous dis-je. Voilà vos inquiétudes qui vous prennent; vous voudriez déjà être hors d'ici, et vous ne songez pas qu'il y a un siècle qu'on ne vous a vu.

LE CAPITAINE. — J'y viendrais plus souvent; mais tout le genre humain y aborde. Voyez-vous, mademoiselle, je suis le gentilhomme de France du meilleur commerce, mais, ventrebleu! je ne m'accommode point de vos neutralités.

COLOMBINE. — Mon Dieu! monsieur, je ménage tout le monde pour des raisons particulières; mais je sais donner la préférence à qui le mérite. Je me distingue en voyant des gens de cour; les officiers me font plaisir; je trouve des ressources parmi les financiers; et pour peu qu'on aime la bagatelle, c'est le moins qu'on puisse avoir que deux ou trois petits abbés dans une maison.

LE CAPITAINE. — Pour les abbés, passe; on sait bien que cette graine-là est nécessaire aux femmes : mais j'enrage de voir à vos trousses un tas de gens de robe, qui sont pour la plupart des croquants, à qui l'esprit n'a été donné que comme le sel aux jambons, pour les conserver.

COLOMBINE. — Bon ! l'été les femmes en souffrent faute d'officiers ! mais ce sont des oiseaux de semestre qui disparaissent avec les hirondelles. Et puis les affaires viennent sans qu'on y pense ; on a tous les jours, malgré soi, des procès, et vous savez qu'auprès d'un juge sensible, l'enjouement d'une jolie femme est toujours la meilleure pièce d'un sac.

LE CAPITAINE. — Vous voyez entre autres un certain... Trigaudin... Nigaudin : un petit friquet de chicane. Par la ventrebleu ! si jamais je l'y rencontre ; je n'aime pas le bruit, mais assurément je lui couperai les oreilles.

(Nigaudin tousse, et Colombine tousse aussi de peur que le capitaine ne l'entende.)

COLOMBINE. — Eh ! fi, monsieur ; ne m'en parlez point ; je ne le saurais souffrir : c'est une éponge à sottises.

(Elle tousse.)

LE CAPITAINE. — Qu'avez-vous donc, mademoiselle ? Vous me paraissez bien enrhumée ?

COLOMBINE. — Ce n'est rien, monsieur ; on ne peut pas toujours se porter si bien que vous. Mon Dieu ! que vous avez bon visage !

LE CAPITAINE. — Je le crois, ma foi, qu'il est bon ; il y a plus de trente ans que je m'en sers jour et nuit : je ne suis pas comme ces femmes qui le mettent le soir sur leur toilette.

SCÈNE XVII

LE CAPITAINE, COLOMBINE, NIGAUDIN,
sous la table ; UN SERGENT.

LE SERGENT. — Mon capitaine, ne voulez-vous pas arrêter les parties de ce marchand qui a fourni les justaucorps de la compagnie.

COLOMBINE. — C'est-à-dire, monsieur le capitaine, que vous ne manquez pas de moyens pour trouver de l'argent.

LE CAPITAINE. — Je veux être un infâme, si j'ai le premier sou pour faire ma compagnie; ce qui me console, c'est que je dois beaucoup. (Il écrit et sent quelque chose sous la table.) Allons, tirez. Pour une demoiselle, il me semble que vous avez là un vilain mâtin sous votre table.

COLOMBINE. — Vous rêvez, je crois, avec vos mâtins.

LE CAPITAINE. — Brin-d'amour!

LE SERGENT. — Mon capitaine?

LE CAPITAINE. — Chassez-moi ce chien de dessous cette table.

LE SERGENT, avec sa canne. — Allons, tirez; à la paille.

(Nigaudin sort.)

LE CAPITAINE. — Oh! oh! mon petit ami, et que faites-vous donc ici, s'il vous plaît?

NIGAUDIN. — La Violette! laquais! prenez ma robe

LE CAPITAINE. — Mon petit ami, si vous ne dénichez au plus vite, je vous ferai amoureusement descendre par la fenêtre.

COLOMBINE. — Monsieur le capitaine, vous êtes un extravagant de vous emporter sans raison. N'ai-je pas fait mon devoir de faire cacher monsieur, pour vous épargner du chagrin? Tant pis pour vous, si vous allez chercher où vous n'avez que faire. (A Nigaudin.) Et vous, monsieur, de quoi vous avisez-vous de faire du bruit mal à propos? Il n'y a qu'un homme de robe, et un officier d'un présidial, capable de tousser quand on le cache sous une table. Puisque vous avez fait la sottise, démêlez la fusée comme il vous plaira.

(Elle sort.)

SCÈNE XVIII

LE CAPITAINE NIGAUDIN.

NIGAUDIN. — Adieu, monsieur; nous ne serons pas toujours seul à seul; et s'il vous tombe jamais quelque décret sur le corps, je vous apprendrai ce que c'est que de scandaliser un juge chez des femmes.

LE CAPITAINE. — Va, va, petit regrattier de justice, je me moque de toi et de tes décrets; je suis en garnison dans une bonne citadelle.

NIGAUDIN. — On ne traite pas comme cela un conseiller-assesseur, et je m'en plaindrai à votre citadelle.

(Ils sortent l'un d'un côté et l'autre de l'autre.)

ACTE DEUXIÈME

SCÈNE I

TRAFIQUET, PIERROT.

PIERROT. — Monsieur, je viens de chez votre notaire, il vous prie bien fort de l'excuser; il ne saurait venir aujourd'hui.

TRAFIQUET. — Il faut prendre patience, pourvu qu'il vienne demain.

PIERROT. — Ni demain non plus : il lui est survenu une petite affaire; je ne crois pas qu'il puisse venir sitôt.

TRAFIQUET. — Et quelle est donc cette affaire?

PIERROT. — C'est, monsieur, qu'il est mort.

TRAFIQUET. — Il est mort! Tu as raison; je ne crois pas qu'il revienne de longtemps. C'est bien dommage; c'était le seul honnête homme de notaire que j'aie encore trouvé. Eh! dis-moi, as-tu eu des nouvelles de notre homme?

PIERROT. — Eh! oui, monsieur; pour celui-là, on m'a dit qu'il était arrivé par le poulailler du Maine, et qu'il demeurait tout rasibus de chez nous.

TRAFIQUET. — Le ciel en soit loué! Je me déferai peut-être à la fin de ma fille, et je ne verrai plus dans ma maison des animaux de toute sorte d'espèce, et particulièrement cette assemblée de femmes, ou plutôt cette académie de folles qui s'y tenait.

PIERROT. — Tout franc, monsieur, je commençais à être bien las de toutes ces visageresses, et j'étais résolu de prendre mon congé ou de vous donner le vôtre. Mais, monsieur, je voudrais bien vous lâcher un petit mot, tandis que nous sommes sur la chose du mariage.

TRAFIQUET. — Parle, Pierrot; que me veux-tu?

PIERROT. — Monsieur, regardez-moi bien; tel que vous me voyez, je vais me marier.

TRAFIQUET. — Toi, te marier! es-tu fou?

PIERROT. — Ce qui me console, monsieur, c'est que celle que j'épouse est aussi folle que moi.

TRAFIQUET. — Et qui est donc cette malheureuse-là?

PIERROT. — Oh! monsieur, vous la connaissez bien; c'est... mademoiselle votre fille.

TRAFIQUET. — Ma fille, ma fille Colombine?

PIERROT. — Vraiment, monsieur, c'est tout prêt; on n'attend plus que votre consentement et le sien.

TRAFIQUET. — Je ne sais, maraud, à qui il tient que je ne t'assomme de coups.

PIERROT. — Mais, monsieur, il ne faut pas se fâcher; cela n'est pas si inégal. Je suis un garçon, une fois, et elle est une fille; et puis, monsieur, je ne sais ce que c'est que de faire le blêche : vous me donnez quinze écus par an; j'aime mieux n'en gagner que dix et être votre gendre. Voilà comme je parle, moi.

TRAFIQUET lui donne des coups de canne. — Et moi, voilà comme je réponds.

PIERROT. — Eh! fi donc, monsieur; est-ce comme ça qu'on parle de mariage?

SCÈNE II

ARLEQUIN, TRAFIQUET, PIERROT.

PIERROT. — Tenez, voilà votre diable de bailli; est-ce qu'il est mieux fait que moi?

ARLEQUIN. — Je crois, monsieur, que vous avez plus d'impatience de me faire votre gendre, que je n'en ai de vous voir mon beau-père. Vous avez une fille : *ergò* vous êtes pourvu d'une drogue dont vous voudriez être défait : car une fille, c'est une fleur qui se fane, si elle n'est cueillie dans sa saison; c'est un quartaut de vin de Champagne qui jaunit, s'il n'est bu dans sa primeur.

PIERROT. — Monsieur du quartaut, vous n'en aurez peut-être que la baissière.

TRAFIQUET. — J'espère, monsieur, que vous ne vous repentirez pas de l'affaire que vous faites; car je puis vous assurer que je vous livre une fille toute neuve, et qui vous fera dans la suite un très-bon usé.

ARLEQUIN. — Ah! cette marchandise-là ne dure toujours que trop. Vous pouvez aussi vous vanter que vous serez le beau-père de France le mieux engendré. Je n'ai aucune mauvaise qualité; je hais le vin à la mort; j'ai une aversion incroyable pour le jeu, et je suis fort aisé à vivre : je ne crois pas avoir assommé plus de vingt paysans, et si, ce n'était que pour des bagatelles, quelque rentes seigneuriales.

(Il tire son mouchoir et laisse voir dans sa poche un pistolet et une bouteille; il fait tomber des dés et des cartes.)

TRAFIQUET, à part. — Voilà cet homme si doux, qui ne joue et qui ne boit pas. (Haut.) Vous dites donc, monsieur, que ma fille sera doucement avec vous; et qu'est-ce que c'est que cela, s'il vous plaît?

(Il montre le pistolet.)

ARLEQUIN. — Je porte toujours cela sur moi; car je n'aime pas à être contredit.

TRAFIQUET. — Vous m'assurez que sa dot ne court point de risque entre vos mains, et que vous ne jouez point?

(Il montre les cartes qui sont à terre.)

ARLEQUIN. — Fi! monsieur; il n'y a que des fripons qui s'amusent à ce métier-là. Je porte quelquefois des cartes et des dés par complaisance; mais je ne m'en sers qu'en compagnie, et je vous assure que si j'étais seul, je ne jouerais jamais.

PIERROT. — Je vous l'ai toujours dit, monsieur, il n'y a que les mauvaises compagnies qui gâtent la jeunesse.

TRAFIQUET. — Pour du vin, vous n'en buvez pas?

ARLEQUIN. — La crapule me fait horreur. Est-ce que les honnêtes gens boivent du vin?

TRAFIQUET. — Je vois pourtant là quelque chose qui a assez la physionomie d'une bouteille.

PIERROT. — Bon! monsieur, vous avez la berlue.

ARLEQUIN. — Oui, parbleu! il l'a; ce n'est que de l'eau-de-vie que je porte à une femme de qualité qui est en couche.

TRAFIQUET. — Allons, allons; il faut passer par là-dessus : on ne fera pas un homme exprès pour moi. Apparemment vous n'épouserez pas ma fille sans la voir? Pierrot, dis à Colombine qu'elle vienne saluer monsieur.

PIERROT. — Elle n'est pas ici.

TRAFIQUET. — Elle n'est pas ici?

PIERROT. — Non, monsieur; j'ai vu un cavalier avec un abbé qui sont venus l'emprunter jusqu'à sept heures.

ARLEQUIN. — L'emprunteur! Comment donc? Est-ce là cette fille si neuve? Si on me l'emprunte comme cela quand elle sera ma femme, elle ne durera pas si longtemps que je pensais. Mon garçon, la fille de monsieur se prête donc quelquefois de main en main quand on la demande?

PIERROT. — Oui, monsieur, tous les jours; il y a tout plein d'honnête monde qui la vient prendre pour la divertir.

ARLEQUIN. — Oui, monsieur du beau-père! En tout cas, si dans six mois ou un an je ne m'accommodais pas de votre fille, en perdant quelque chose dessus, vous la reprendriez.

TRAFIQUET. — Il n'y a rien à perdre sur cette fille-là; vous en trouverez toujours votre argent.

SCÈNE III

TRAFIQUET, ARLEQUIN, COLOMBINE, PIERROT.

PIERROT. — On ne parle point du loup qu'on n'en voie la queue. Tenez, la voilà. Ne vous avais-je pas bien dit qu'elle viendrait souper avec vous ? Il n'y a point de femme à Paris si bien morigénée ; elle ne couche jamais en ville.

TRAFIQUET. — Ma fille, voilà le bailli en question : tu ne voudras peut-être pas lui ouvrir ton cœur en ma présence ? Monsieur, je ne vous rends pas un mauvais office en vous laissant seul avec votre maîtresse.

(Il sort avec Pierrot. — Pierrot fait des mines en quittant Colombine.)

SCÈNE IV

COLOMBINE, ARLEQUIN.

ARLEQUIN, reculant. — Ne vous étonnez pas, mademoiselle, si vous me voyez reculer trois pas au frontispice de vos charmes : vous avez des yeux capables d'embraser tout le bailliage de mon cœur ; et depuis qu'on porte des bouches, on n'a jamais bouchonné un bouchon si bouchonnable.

COLOMBINE. — Je suis confuse de vos civilités, monsieur ; et il faudrait avoir plus d'esprit que je n'en ai, pour répondre à un compliment aussi bien tourné.

ARLEQUIN. — Pour ce qui est de compliment, il n'y a personne dans notre province qui ose me prêter le collet. J'ai harangué une fois notre intendant pendant deux heures avec tant d'éloquence qu'il s'endormit tout debout, et ne s'éveilla qu'une heure après que j'eus fini.

COLOMBINE. — De pareils efforts d'esprit sont bons pour la province ; mais à Paris on aime à parler terre à terre.

ARLEQUIN. — Bon ! a-t-on de l'esprit à Paris ? Sitôt qu'il y a un fat dans un pays, on l'y envoie ; c'est le rendez-vous de tous les sots de la France : et, de tous les Parisiens, je ne vois que les Normands et les Manceaux qui aient un peu de brillant.

COLOMBINE. — A vous entendre parler, vous ne paraissez pas content des cavaliers de ce pays-ci ; et des dames, qu'en dites-vous ?

ARLEQUIN. — La, la ! elles sont d'assez bonne amitié : j'en ai trouvé quelques-unes de jolies en mon chemin ; mais, tout franc, je n'en ai point encore vu une de votre calibre.

COLOMBINE. — Il faut pourtant tomber d'accord qu'elles ont un tour d'esprit et des manières de se mettre que les femmes de province n'ont pas.

ARLEQUIN. — Oui-dà, oui-dà ! je trouve qu'elles se coiffent raisonnablement haut, et je crois que leurs maris ne sont guère coiffés plus bas.

COLOMBINE. — Où passe-t-on le temps avec plus d'économie ? Aujourd'hui à l'opéra, demain à la comédie, un autre jour au bal : on entrelace cela de parties de jeu et de promenades. Vous voyez bien qu'il n'y a point de lieu où les femmes soient aussi façonnées.

ARLEQUIN. — Pour moi, je trouve cela le plus joli du monde, mais que disent les maris à Paris ?

COLOMBINE. — Les maris disent ce qu'ils veulent, et les femmes tout ce qui leur plaît ; c'est la mode du pays.

ARLEQUIN. — Les femmes feront durer cette mode-là le plus qu'elles le pourront. Et, s'il vous plaît, quand une femme revient du bal à cinq heures du matin avec un cavalier, qu'elle éveille toute la maison, que disent les maris à Paris ?

COLOMBINE. — Ils ne disent rien ; dès que la femme est rentrée, ils se rendorment.

ARLEQUIN. — Un homme qui a le sommeil si bien en main n'a pas besoin d'être bercé. Mais, je vous prie, lorsqu'une femme vend ses pierreries pour faire l'équipage de quelque galant homme qui va à l'armée, que disent les maris à Paris ?

COLOMBINE. — Oh ! les Parisiens sont trop bons serviteurs du roi pour trouver cela mauvais.

ARLEQUIN. Je ne m'en dédis point ; voilà de bonnes gens que ces Parisiens-là. Vaille que vaille, puisque j'ai fait les frais du voyage, je vous épouserai ; mais à condition que, dès le lendemain de la noce, vous vous mettrez dans la carriole du Mans, pour venir régenter les chapons de ma basse-cour : l'air de Paris donne trop de maux de tête.

COLOMBINE. — Quelque loi que vous m'imposiez, elle me paraîtra toujours douce, pourvu que je sois sûre de passer avec vous le reste de mes jours : vous me tenez lieu de tout ; et du moment que je vous ai vu, j'ai senti pour vous... Ah ! ne m'obligez pas de m'expliquer ; j'en dirais peut-être plus que je ne veux.

ARLEQUIN. — Les filles de ce pays-ci sont faites avec des étoupes ; il ne faut qu'une étincelle...

COLOMBINE. — J'ai une grâce à vous demander : les filles, comme vous savez, ont beaucoup d'ambition sur le fait du mariage ; j'ai eu toute ma vie une noble horreur pour les baillis du Maine : ne pourriez-vous point changer de charge, et vous faire homme de qualité ?

ARLEQUIN. — Très-volontiers ; rien n'est plus aisé : aussi bien je suis en pourparler avec un marquis de nos cantons qui s'en va à l'armée ; et, comme il a besoin d'argent, il veut me vendre sa charge de marquis avec sa pratique.

COLOMBINE. — Oh ! monsieur, que cela me fera de plaisir ! Mais en achetant une charge de marquis, n'oubliez pas, s'il vous plaît, de vous faire donner les airs déhanchés de ces messieurs-là.

ARLEQUIN. — Oh ! je n'en ai que faire ; quand on a été toute sa vie élevé dans le Bas-Maine, les airs de cour ne sont que trop familiers. Adieu, ma belle enfant ; touchez là : dans une heure au plus tard je vous fais marquise ou baillivesse ; vous choisirez.

SCÈNE V

COLOMBINE, seule.

La sotte pécore qu'un homme qui a le mariage en tête ! Une fille, un peu savante sur l'article, le manie comme un chamois. Voyez, je vous prie, cet idiot de bailli qui va se faire marquis. Pour m'essayer, le premier marquis qui me tombera sous la patte, j'en ferai un procureur fiscal.

(Scènes italiennes.)

SCÈNE VI

TRAFIQUET, COLOMBINE.

TRAFIQUET. — Je vous prie, mademoiselle ma fille, de ne point m'échauffer les oreilles; je sais ce qu'il vous faut, et c'est à vous d'obéir quand je vous ai choisi un mari; entendez-vous ?

COLOMBINE. — Comme je suis une partie des plus intéressées dans l'affaire, je crois, mon père, que mon choix est du moins aussi nécessaire que le vôtre ; et je vous dirai franchement que cet homme-là n'est point fait pour moi.

TRAFIQUET. — N'est point fait pour vous ! J'en suis d'avis; il faut vous l'essayer. Mais voyez, je vous prie, comme cela fait la raisonneuse !

COLOMBINE. — Je vous dis encore une fois, mon père, laissez-moi mener cette affaire là. Vous êtes plus vieux que moi, j'en conviens; mais je me connais mieux en maris que vous.

TRAFIQUET. — Et que trouvez-vous, s'il vous plaît, à redire au mari que je vous propose ?

COLOMBINE. — Bon ! c'est un homme qui se présente de front au mariage, et ne sait pas ce que c'est qu'un préliminaire d'amour.

TRAFIQUET. — Eh ! de par tous les diables ! comm

veux-tu donc qu'il se présente? Tant mieux, s'il entre tout de suite en matière; en fait de mariage, je n'aime point à voir préluder.

COLOMBINE. — Quoi! mon père, vous voudriez...

TRAFIQUET. — Oui, je le veux.

COLOMBINE. — Vous prétendez qu'un homme que je n'ai jamais vu...

TRAFIQUET. — Oui, je le prétends.

COLOMBINE. — J'ai trop de raison pour...

TRAFIQUET. — Si tu as de la raison, tu dois m'obéir, et prendre le parti qui se présente.

SCÈNE VII

TRAFIQUET, COLOMBINE, OCTAVE.

(Octave, dans le fond du théâtre, fait des mines à Colombine, sans être vu de Trafiquet.)

COLOMBINE. — Le parti qui se présente?

TRAFIQUET. — Oui, le parti qui se présente.

COLOMBINE. — Assurément?

TRAFIQUET. — Oui, s'il vous plaît; il ne faut point faire tant de gestes et de grimaces : est-ce qu'il lui manque quelque chose?

COLOMBINE. — Je ne dis pas cela.

TRAFIQUET. — Est-il tortu, ou bossu ?

COLOMBINE. — Je trouve sa taille dégagée et engageante.

TRAFIQUET. — Est-ce qu'il n'a point d'esprit? Va, va, ce n'est pas le plus nécessaire en ménage.

COLOMBINE. — Son esprit me charme, et je connais peu de gens qui en aient plus que lui.

TRAFIQUET. — Et pourquoi donc n'en veux-tu point?

COLOMBINE. — Moi, je n'en veux pas? Il faudrait, mon père, que je fusse bien aveugle ou bien insensible pour refuser un tel parti.

TRAFIQUET. — Oh! que ne parle-tu donc? J'allais me mettre en colère. Voyez, je vous prie, quand on ne s'entend pas. Viens, ma fille, que je t'embrasse.

COLOMBINE. — Que cet embrassement me fait plaisir !
(Colombine, en embrassant Trafiquet, donne sa main à baiser à Octave.)

TRAFIQUET. — Tu réponds dignement aux soins que j'ai pris de ton éducation.

COLOMBINE. — J'aimerais mieux mourir, mon père, que de vous désobliger.

TRAFIQUET. — Tu me promets donc de ne plus songer à cet étourdi ?

COLOMBINE. — Je ne le verrai de ma vie ; c'est un homme que je ne puis souffrir.

TRAFIQUET. — Et moi, pour reconnaître ton obéissance, je te promets d'augmenter ton trousseau de six chemises, et d'aller te voir toutes les fêtes et dimanches quand tu seras au Maine.

COLOMBINE. — Au Maine, mon père ! et que faire là ?

TRAFIQUET. — Accompagner ton mari.

COLOMBINE. — Mon mari ! Ce n'est pas son dessein de quitter Paris.

TRAFIQUET. — Vraiment si ; il est bailli du Maine.

COLOMBINE. — Octave est bailli du Maine ? depuis quand donc ?

TRAFIQUET. Que diable veux-tu donc dire avec ton Octave ? Je crois que tu es folle.

COLOMBINE. — Quoi ! ce n'est pas Octave que vous voulez me donner pour mari ?

TRAFIQUET. — Non, assurément.

COLOMBINE. — Bon ! bon ! vous voulez rire.

TRAFIQUET. — Je ne ris point, et je veux...
(Il aperçoit Octave, qui lui fait une révérence et s'en va.)

SCÈNE VIII

TRAFIQUET, COLOMBINE.

TRAFIQUET. — C'est donc ainsi, coquine, que tu fais état de mes remontrances, et que tu te moques de moi !

COLOMBINE. — Mon père...

TRAFIQUET. — Va, je t'abandonne.

COLOMBINE. — Eh ! mon pére...

TRAFIQUT. — Je te déshérite.
COLOMBINE, d'un ton doux. — Mon petit papa !
TRAFIQUET. — Je te donne ma malédiction, et tu mourras vieille fille.

SCÈNE IX

COLOMBINE, seule.

Oh ! criez tant qu'il vous plaira. Je n'irai pas perdre un amant pour la mauvaise humeur d'un père : nous sommes dans un temps où il faut garder le peut qu'on en a.

SCÈNE X

COLOMBINE, PIERROT.

COLOMBINE. — Voici notre amoureux Pierrot ; il faut l'écouter un moment et nous en divestir.
PIERROT sans voir Colombine. — Enfin, Pierrot, te voilà dans le bourbier jusqu'au cou. De quoi t'avises-tu d'être amoureux ? Tu ne fais plus que quatre repas par jours ; tu ne saurais plus t'éveiller qu'à midi sonné : tu vois bien qu'en cet état-là tu ne peux pas faire longue vie. Eh bien ! je mourrai. Tu mourras ! Sais-tu bien qu'il n'y a rien de si triste que la mort ? Il n'importe ; je ne verrai plus cette cruelle ; je ne verrai plus cette ingrate, cette...
(Il aperçoit Colombine.)
COLOMBINE. — Que dis-tu là ?
PIERROT. — Je dis.. je dis, mademoiselle, que quand je serai mort, je ne verrai plus goutte.
COLOMBINE. — C'est donc à dire que ta folie dure toujours ?
PIERROT. — Mademoiselle, assurément vous me ferez faire quelque mauvais coup ; je me serais déjà jeté vingt fois par la fenêtre de notre grenier, s'il avait été seulement d'un étage plus bas.
COLOMBINE. — Tu te moques, Pierrot ; quand on est

bien amoureux, on n'est pas à un étage près. Je te conseille, de ce pas, d'aller faire ce saut-là pour l'amour de moi.

PIERROT. — Allez, vilain petit porc-épic, le ciel vous punira. O amour ! amour ! ô Pierrot ! Pierrot !

SCÈNE XI

COLOMBINE, UN LAQUAIS.

LE LAQUAIS. — Mademoiselle, voilà la comtesse de Flamèche et la marquise de Bistoquet qui demandent à vous voir.

COLOMBINE. — La comtesse de Flamèche et la marquise de Bistoquet ! Je ne connais point cela. De quel mauvais vent ces femmes-là abordent-elles chez moi ? Il faut que ce soient des provinciales.

LE LAQUAIS. — Ce sont des dames qui disent qu'elles demeurent depuis peu dans le quartier.

COLOMBINE. — Faites-les entrer. Voilà de ces chiennes de visites que l'on ne saurait éviter.

SCÈNE XII

COLOMBINE ; MEZZETIN, en comtesse de Flamèche ; PASQUARIEL, en marquise de Bistoquet.

(Le laquais qui porte la queue de la marquise la tient fichée dans sa culotte, et de ses deux mains casse des noix. Colombine, Mezzetin et Pasquariel parlent tons trois ensemble.)

MEZZETIN. — Eh ! bonjour, mademoiselle ; comment vous portez-vous ? Il y a mille ans que j'ai envie de vous venir voir, et de profiter de l'honneur de votre voisinage.

PASQUARIEL. — On a dû vous dire, mademoiselle, que mon équipage s'est arrêté vingt fois à votre porte ; mais vous êtes introuvable et toute des plus rares.

COLOMBINE. — En vérité, mesdames, je suis dans la dernière confusion d'avoir si mal profité de l'honneur de votre voisinage. Holà, quelqu'un! des siéges!
(Elles se taisent toutes les trois, et recommencent à parler ensemble.)
MEZZETIN. — Peut-on savoir, la belle, quels sont vos plaisirs ? Vous êtes toujours dans le grand monde ; on dit que c'est vous qui faites l'honneur du quartier.
PASQUARIEL. — Mais voyez ce teint, je vous prie, madame la comtesse. (A Colombine.) Apparemment que vous l'avez pris du bon faiseur: je n'ai jamais rien vu d'aussi charmant.
COLOMBINE. — Je suis ravie, mesdames, d'avoir un voisinage aussi agréable que le vôtre. Quand vous voudrez, nous jouerons ensemble ; mais je vous avertis que je suis la plus malheureuse fille du monde
(Elles se taisent encore.)
MEZZETIN. — Nous faisons nos visites de quartier. Une charrette de foin a fait un embarras, ce qui nous a obligées de nous sauver chez Lamy, où nous avons bu chacune trois bouteilles de vin pour nous désennuyer
COLOMBINE. — Six bouteilles de vin à deux femmes !
PASQUARIEL. — Il faut dire la vérité ; madame la comtesse porte le vin comme un charme.
MEZZETIN. — Madame la marquise veut qu'on lui rende justice, et qu'on lui dise qu'il n'y a point de Breton qu'elle ne boive par-dessous la jambe ; c'est bien le plus hardi vin de femme !
COLOMBINE. — Avec ces talents-là, mesdames, il est à présumer que vous êtes mariées en Bourgogne ou en Champagne ?
MEZZETIN. — Vous ne vous trompez point. A propos de mariage, ma belle voisine, on m'a dit que vous couchiez la noce en joue. Une fille comme vous peut-elle se résoudre à cette vilenie-là ?
COLOMBINE. — Pour moi, madame, je ne trouve rien de vilain à faire tout ce que le monde fait, et ce que vous avez fait vous-même.
MEZZETIN. — Il est vrai: mais je n'avais que quinze ans pour lors ; vous savez que c'est un âge terrible-

ment scabreux pour une fille. Pourrez-vous abandonner votre taille aux accidents du mariage ?

COLOMBINE. — J'ai assez de peine à m'y résoudre; mais que voulez-vous ? Il faut bien prendre le bénéfice avec les charges.

PASQUARIEL. — Faites comme moi, mademoiselle; depuis que j'ai épousé mon mari, nous ne couchons plus ensemble.

MEZZETIN. — Cela est fort bon pour vous, madame la marquise, qui avez quantité d'enfants de votre premier lit; mais une fille qui se marie est bien aise de savoir au juste à quoi elle est propre.

PASQUARIEL. — Pour moi, je suis malheureuse en garçons; je n'en saurais élever; je n'en ai plus que dix-sept.

COLOMBINE. — Dix-sept ! En vérité, madame, l'État vous est bien obligé de lui donner tant de bons sujets.

MEZZETIN. — J'en aurais bien eu vingt-cinq ou trente, si tout était venu à profit; mais les fausses couches ont fait de terribles brèches dans ma famille. Le dirait-on à ma taille ?

(Il se promène.)

COLOMBINE. — Elle est d'une finesse extraordinaire; on croirait que vous allez rompre.

MEZZETIN. — Depuis deux ans, Dieumerci, j'en suis un peu la maîtresse; j'ai obligé M. le comte à faire lit à part; car je suis présentement bien revenue de la bagatelle.

COLOMBINE. — Et M. votre époux prendra-t-il toujours ce petit divorce en patience ?

MEZZETIN. — Madame, il fera comme il pourra.

PASQUARIEL. — Peut-on savoir, ma chère, qui vous épousez ?

COLOMBINE. — Plusieurs partis me recherchent; mais mon père me destine à un bailli du Maine, et...

PASQUARIEL. — A un bailli !... à un bailli !... Ah ! ouf ! je me trouve mal ! Un bailli ! Ah ! quelle ordure !

COLOMBIME. — Comment donc, madame ! avez-vous des vapeurs ?

MEZZETIN. — Ah! mademoiselle, vous ne devriez jamais lâcher le mot de bailli. A l'heure qu'il est, cela me dévoie. Un bailli! Encore si c'était un procureur fiscal.
(Ils se jettent sur leurs siéges en faisant beaucoup de contorsions.)
COLOMBINE. — Ah! que je suis malheureuse! Voilà deux femmes qui vont me demeurer dans les mains. Holà quelqu'un! mes laquais! ma femme de chambre!
MEZZETIN et PASQUARIEL, ensemble. — Un bailli!
(A la porte, ils font beaucoup de cérémonies pour passer.)
PASQUARIEL. — Non, madame; assurément je ne passerai pas, ou la peste m'étouffe.
MEZZETIN. — Si je passe la première, je veux que cinq cent mille diables me tordent le cou!
(A force de civilités et de contorsions, leurs coiffures tombent.)

SCÈNE XIII

COLOMBINE, seule.

Non, je ne crois pas que de mémoire d'homme on ait reçu une visite aussi impertinente. Elles n'ont que faire de me tant dégoûter du bailli; si je l'épouse, ce ne sera qu'à mon corps défendant.

(Il y a ici quelque scènes italiennes, dans lesquelles Mezzetin et Pasquariel rendent compte à Octave du succès de leur fourberies; celui-ci les engage à ne pas s'en tenir là, et l'on concerte de se déguiser en Bohémiens, d'aller trouver Arlequin, et de lui dire sa bonne aventure. Ces scènes préparent les scènes françaises suivantes.)

SCÈNE XIV

ARLEQUIN, MEZZETIN, PASQUARIEL, DEUX BOHÉMIENNES; Suite de bohémiens.

(Mezzetin et Pasquariel, déguisés en Bohémiens, abordent Arlequin, dansent et chantent autour de lui.)

ARLEQUIN. — Quand vous serez las de chanter, vous ne direz peut-être ce que vous me voulez. (Ils continuent de chanter et de danser. — A Mezzetin.) Monsieur le meneur de

ballets, peut-on savoir qui sont ces sauterelles-là?
(Il montre les deux Bohémiennes.)

MEZZETIN. — Monsieur, ce sont des filles surnaturelles, qui connaissent les astres, les langues, et tout ce qu'il y a de plus extraordinaire au monde et hors du monde; elles ne parlent qu'en vers: enfin, ce sont des filles d'un mérite sublime.

ARLEQUIN. — Puisque ces créatures-là savent tant de belles choses, elles pourront donc bien me déterminer sur un mariage?

MEZZETIN. — Vous ne pouvez pas mieux vous adresser.
(Il s'en va en chantant avec sa troupe.)

SCÈNE XV

ARLEQUIN, LES DEUX BOHÉMIENNES.

ARLEQUIN, se mettant au milieu d'elles.
Mesdames, pour venir à la conclusion,
Vous saurez que je sens une convulsion,
Un appétit, nommé vapeurs de mariage:
Un là... quelque Arlequin qui demande passage.
Me dois-je marier?
(La première Bohémienne gesticule et ne dit mot.)
Oh! vous avez raison.
Et vous, à votre avis, me marierai-je, ou non?
(La seconde Bohémienne gesticule et ne dit mot.)
C'est bien dit; à ces mots il n'est point de réplique.
Dans leur langue, à mon tour, il faut que je m'explique.
(Il fait beaucoup de gestes sans rien dire, ensuite il continue.)
Vous m'entendez donc bien: enfin, sans tant parler
(Car cela vous fait mal), devrais-je convoler?

PREMIÈRE BOHÉMIENNE.
Oui.

DEUXIÈME BOHÉMINNE.
Non.

ARLEQUIN.
Comment?

PREMIÈRE BOHÉMIENNE.
Oui.

DEUXIÈME BOHÉMIENNE.
Non.
ARLEQUIN.
Quelle peste de gamme!
PREMIÈRE BOHÉMIENNE.
C'est manquer de bon sens que de vivre sans femme.
DEUXIÈME BOHÉMIENNE.
Et pour se marier il faut être archifou.
ARLEQUIN.
Celle-ci, par ma foi, lui rive bien son clou.
PREMIÈRE BOHÉMIENNE.
Oui, l'hymen est des dieux le plus parfait ouvrage:
C'est le port assuré dans le libertinage,
Le nœud qui nous unit avec de doux accords,
La porte des plaisirs qu'on goûte sans remords,
Le bridon qui retient la jeunesse fougueuse,
L'onguent qui guérit seul la brûlure amoureuse,
Des blessures du cœur l'appareil souverain,
Et la forge en un mot de tout le genre humain.
ARLEQUIN.
J'en connais bien pourtant de plus d'une fabrique,
Qui ne furent jamais faits dans cette boutique,
Enfants du pur hasard, et, sans aller plus loin,
J'en trouverais peut-être ici plus d'un témoin.
DEUXIÈME BOHÉMIENNE.
Non, l'hymen, quel qu'il soit, est un dur esclavage,
Une mer où l'honneur bien souvent fait naufrage,
Un grand chemin rempli de voleurs dangereux,
Une terre fertile en bois malencontreux.
Un magasin de fraude où l'on fait de commande
Marchandise mêlée et bien de contrebande;
C'est l'écueil du plaisir: pour tout dire en un mot,
C'est une souricière où l'on attrape un sot.
ARLEQUIN, à la première Bohémienne.
Cet avis, à mon goût, vaut bien l'autre, madame.
PREMIÈRE BOHÉMIENNE.
Un homme ne saurait vivre content sans femme,
Sans elle une maison irait tout de travers:

Elle sait du destin partager les revers;
Elle sert un mari, soulage sa vieillesse :
La femme est dans le monde un miroir de sagesse,
Le temple de l'honneur, le chef-d'œuvre des cieux.
La beauté fut son lot, l'esprit son apanage,
La vertu son domaine, et l'honneur son partage.

ARLEQUIN.

Oui, cela se disait du temps de Jean-de-Vert.

DEUXIÈME BOHÉMEINNE.

Plutôt que prendre femme, épousez un désert :
Par elle une maison va tout en décadence,
Elle ne met jamais de frein à sa dépense;
Elle accroît les chagrins, loin de les partager:
La femme est en tout temps un éminent danger,
Un vaisseau sur lequel le nocher le plus sage
Appréhende le calme autant qu'il fait l'orage;
C'est l'arsenic du cœur: la fureur la conduit;
L'inconstance en tout temps ou l'escorte, ou la suit,
Et la vengeance, enfin, est toujours devant elle.

ARLEQUIN.

Oh! vous avez raison; je sais qu'une femelle
Qui prétend se venger d'un époux offensif
Devient des animaux le plus vindicatif.

PREMIÈRE BOHÉMIENNE.

Quand on le nomme un mal et doux et nécessaire,
C'est qu'on lui voit toujours quelque vertu pour plaire :
Si le ciel ne l'a pas faite avec un beau corps,
Il aura sur l'esprit répandu ses trésors;
Si des biens de fortune elle n'est pas fournie,
Elle se fait un fonds de son économie:
La sotte d'ordinaire a l'esprit complaisant,
La folle volontiers plaît par son enjouement;
Dans une femme, enfin, toujours quelque mérite
De ses petits défauts aisément nous racquite.

ARLEQUIN.

Qui nous racquittera, dites-nous, s'il vous plaît,
Lorsque de notre honneur elle tire intérêt?

ACTE II, SCÈNE XV

DEUXIÈME BOHÉMIENNE.
Si de quelques vertus les femmes sont pourvues,
Ces vertus de défauts sont souvent corrompues;
La belle est toujours bête, ou croit qu'un teint fleuri
Est un trop bon morceau pour un sot de mari:
La savante ne dit que vers, métamorphose,
Et méprise un époux qui ne parle qu'en prose;
Celle qui d'un beau sang voit ses pères issus
Vous compte ses aïeux pour toutes ses vertus.
Non, quelque qualité qui règne dans son âme,
Quelque vertu qu'elle ait, c'est toujours une femme;
C'est-à-dire attentive à l'amant qui languit,
Et, vous savez, *casta quam nemo rogavit*.

ARLEQUIN.
Voilà, je vous l'avoue, un extrait de sorcière
Que les femmes devraient jeter dans la rivière :
Elle en dit peu de bien.

DEUXIÈME BOHÉMIENNE.
     Touchez là, j'en dirai,
Foi de fille d'honneur, sitôt que j'en saurai.

ARLEQUIN, à la première Bohémienne.
Mais parlez-moi français... là, si je me marie,
Ne serai-je point... là...

PREMIÈRE BOHÉMIENNE.
  Quoi, là ?

ARLEQUIN.
      Je vous en prie,
Ne me déguiser rien.

PREMIÈRE BOHÉMIENNE.
  Quoi donc ?

ARLEQUIN.
      Là, ce qu'était
Peut-être votre époux, dans le temps qu'il vivait ?

PREMIÈRE BOHÉMIENNE.
Voilà donc l'enclouure et le mot péremptoire :
Sur ce point douloureux on en fait bien accroire,
Et l'on en dit bien plus qu'on n'en fait à Paris;
Ce sont là des terreurs pour les petits esprits...

ARLEQUIN.
Et pour les grands parfois.
PREMIÈRE BOHÉMIENNE.
Des visions cornues,
Que les hommes vont mettre en leurs têtes fourchues.
ARLEQUIN.
Ce sont elles, morbleu ! qui nous les plantent là,
De par Belzébut.
PREMIÈRE BOHÉMIENNE.
Bon ! approchez, venez çà;
Regardez-moi bien. Non, vous n'avez point la mine
De recevoir échec de la gent féminine.
DEUXIÈME BOHÉMIENNE.
Moi je dis, à vous voir seulement par le dos...
ARLEQUIN.
Ah ciel ! nous y voilà.
DEUXIÈME BOHÉMIENNE.
Je vous dis en deux mots
Que vous avez tout l'air, la physionomie,
L'œil, le nez, la façon, la métoposcopie
D'un homme à qui l'on doit faire un mauvais parti.
Je vois sur votre teint bien du brouillamini.
Vos aspects sont malins, vous avez le front large;
Vous me portez tout l'air d'en avoir une charge.
ARLEQUIN.
Ah ! là déjà je sens...

(Il se touche la tête.)
PREMIÈRE BOHÉMIENNE.
Animal défiant,
Vous croyez donc...
ARLEQUIN.
Ma foi ! je crois à l'ascendant.
Ce grand front, cet aspect... Dans cette conjoncture,
Je crains bien de payer un jour avec usure
Tous les frais de la guerre. Allons, tant que quelqu'un,
Plus courageux que moi, prendra femme en commun-
Je prétends me servir des droits du voisinage,
Et laisser qui voudra goûter du mariage.
En ces occasions, on court plus de danger

ACTE II, SCÈNE XV

A bâtir sur son fonds que sur un étranger.
Je ne tâterai point de la cérémonie.
          PREMIÈRE BOHÉMIENNE.
Vous n'en tâterez point? Halte-là, je vous prie.
          DEUXIÈME BOHÉMIENNE.
Point de femme, morbleu !
          PREMIÈRE BOHÉMIENNE.
                    Si vous n'en prenez pas,
Vous n'avez pas encor trois jours à vivre.
          ARLEQUIN.
                        Hélas !
          DEUXIÈME BOHÉMIENNE.
Et si vous en prenez, moi, je vous signifie
Que demain au plus tard vous n'êtes pas en vie.
      (Elles le prennent chacune par une manche de son habit.)
          ARLEQUIN.
C'en est fait, je suis mort ! je n'en puis revenir.
Prédiseuses du diable, ah ! laissez-moi partir.
          PREMIÈRE BOHÉMIENNE.
Avant que vous quitter, il faut que je vous voie
A côté d'une femme.
          ARLEQUIN.
                Ah ! plutôt qu'on me noie !
          DEUXIÈME BOHÉMIENNE.
Pour vous laisser, je veux vous mettre hors d'état
De pouvoir à jamais sortir du célibat.
          ARLEQUIN.
N'en faites rien ; je suis le dernier de ma race.
          PREMIÈRE BOHÉMIENNE.
Que de bruit !
          DEUXIÈME BOHÉMIENNE.
     Qu'on me suive.
          ARLEQUIN.
                 Eh ! mesdames, de grâce !
Un accord : je serai six mois de l'an garçon,
Et six mois marié.
          PREMIÈRE BOHÉMIENNE.
     Marchez.

DEUXIÈME BOHÉMIENNE.
Que de façon!
(Elles le tiraillent de façon qu'elles emportent chacune une manche de son habit. Il crie au voleur. D'autres Bohémiens l'entourent, dansent autour de lui et le volent.)

ACTE TROISIÈME

SCÈNE PREMIÈRE

COLOMBINE, seule.

Je n'entends point parler de notre bailli; il faut que le traité de cette charge de marquis l'arrête chez quelque notaire. Il n'en est pas encore où il pense; je lui garde le meilleur pour le dernier.

SCÈNE II

COLOMBINE, UN LAQUAIS.

LE LAQUAIS. — Mademoiselle, voilà un bel esprit qui monte, madame Pindaret.

SCÈNE III

COLOMBINE, MADAME PINDARET.

MADAME PINDARET. — Ah! ma chère belle, que je suis heureuse de vous rencontrer! car vous êtes la fille de France la plus introuvable.

COLOMBINE. — On ne m'a point dit, madame, que vous m'ayez fait cet honneur-là. Il est vrai que j'ai le domestique du monde le plus brutal : qu'une femme de qua-

ACTE III, SCÈNE III

lité me vienne voir, on ne m'en dit rien ; qu'une procureuse frappe à ma porte, on vient m'en faire la honte en pleine compagnie.

MADAME PINDARET. — En vérité, mademoiselle, il faut que votre train soit travaillé d'un prodigieux dévoiement de mémoire ; oui, je crois que je suis venue ici plus de dix fois depuis les calendes du mois dernier.

COLOMBINE. — Comment dites-vous cela, s'il vous plaît ? Les cal...

MADAME PINDARET. — Les calendes, mademoiselle ; c'est la manière de compter des Romains, et la mienne. Si ma servante datait sa dépense autrement, elle ne coucherait pas chez moi deux jours de suite. Je veux de l'érudition jusque dans ma cuisine.

COLOMBINE. — Que vous êtes heureuse, madame, de savoir de belles choses ! Si j'avais l'avantage de vous voir souvent, je crois que je deviendrais une habile fille.

MADAME PINDARET. — Il faut dire la vérité ; on se décrasse assez en ma compagnie, et tout le monde avoue que je n'ai point la conversation roturière.

COLOMBINE. — Ah ! que cela est joliment dit ! la conversation roturière ! Comment pouvez-vous fournir à la dépense d'esprit que vous faites ? Si vous ne vous ménagez, vous n'en aurez jamais assez pour le reste de vos jours.

MADAME PINDARET. — Bon ! cela ne coûte rien à une femme comme moi, qui se joue des auteurs ; j'entretiens commerce avec les anciens, et je fraye aussi avec les modernes.

COLOMBINE. — Avec les anciens, madame.

MADAME PINDARET. — Assurément, mademoiselle ; j'en attrape assez le vrai, et je veux vous faire voir quelle est ma lecture quotidienne. Laquais ! petit garçon !

SCÈNE IV

MADAME PINDARET, COLOMBINE, UN LAQUAIS DE MADAME PINDARET.

MADAME PINDARET. — Donnez-moi mon Juvénal.

LE LAQUAIS. — Qu'est-ce que c'est, madame, que votre Juvénal ?

MADAME PINDARET. — Ce livre in-quarto que je vous ai donné tantôt.

LE LAQUAIS. — A moi, madame, un quartaut ! vous ne m'avez donné ni quartaut ni bouteille.

MADAME PINDARET. — Eh ! le petit ignorant ! Qu'il vous arrive une autre fois de l'oublier !

SCÈNE V

MADAME PINDARET, COLOMBINE.

MADAME PINDARET. — Je prends toujours la précaution de me faire escorter de ce livre-là, quand je vais en visite de femmes, pour me dédommager des minuties de leur conversation.

COLOMBINE. — Voilà ce qui s'appelle mettre à profit jusqu'à son ennui.

MADAME PINDARET. — Êtes-vous comme moi, ma chère ? Toutes les visites de femmes me donnent la colique.

COLOMBINE. — Non, madame ; je ne suis point d'une complexion si délicate. A vous dire le vrai, j'aime beaucoup mieux la conversation des hommes, et je voudrais parfois qu'il n'y eût que moi de femme au monde.

MADAME PINDARET. — Vous auriez de la chalandise. J'allai voir, il y a quelque temps, une marquise ; je ne fus qu'un quart d'heure avec elle, c'était pendant la canicule : sa conversation ne laissa pas de m'enrhumer si fort, que je me suis mise au gruau pendant trois semaines pour en revenir.

COLOMBINE. — Cela étant, madame, quand vous allez en visite de marquise, de crainte de vous enrhumer une seconde fois, il faudrait faire porter un manteau fourré avec votre Juvénal.

MADAME PINDARET. — Vous ne sauriez vous imaginer jusqu'où va l'ignorance de cette femme-là.

COLOMBINE. — Une femme de qualité ignorante! vous me surprenez.

MADAME PINDARET. — Ignorantissime! Croiriez-vous?... Mais non; cela n'entre point dans l'esprit.

COLOMBINE. — Mais encore?

MADAME PINDARET. — Croiriez-vous qu'elle ne put jamais me dire dans quelle olympiade mourut Epaminondas?

COLOMBINE. — Ah! ciel, quelle ignorance! En vérité, madame, vous fûtes bien heureuse d'en être quitte pour un rhume : cela vaut bien la peine de tomber en apoplexie.

MADAME PINDARET. — Il ne tint qu'à moi. A propos, mademoiselle, avez-vous vu mon madrigal?

COLOMBINE. — Non, madame; cela n'est pas venu jusqu'à moi.

MADAME PINDARET. — Vous n'êtes donc pas de ce monde? C'est une pièce qui a déjà souffert la troisième édition, et qui a marié les trois filles de mon libraire. Je vais vous le lire.

COLOMBINE. — Vous me ferez, je vous assure, un sensible plaisir.

MADAME PINDARET, parcourant plusieurs papiers. — Ce n'est pas cela : c'est un rondeau sur une absence, que je laisse quelque temps mitonner sur le fourneau de la réflexion... Ni cela : c'est la vie de Thémistocle en vers burlesques. Je tiens un poëme épique aux cheveux, qui surprendra tout Paris. Ah! voici notre madrigal.

(Elle lit.)

MADRIGAL

Sur l'inconstance d'une maîtresse qui changea d'amant,
par ce qu'il avait soupiré par le derrière.

Vous entendez bien cela.

COLOMBINE. — Oui! oui, cela s'entend de reste; peu s'en faut que je ne le sente.

MADAME PINDARET continue de lire.

Quoi! pour avoir laissé sauver un prisonnier,
Qui n'a de voix que pour crier,
Votre cœur fait la pirouette,
Et se fait un nouvel amant!
On dira, volage Lisette,
Que ce cœur est si girouette,
Qu'il change au moindre petit vent.

COLOMBINE. — Ah! madame, quel merveilleux talent vous avez pour la poésie!

MADAME PINDARET. — J'ai d'assez belles humanités, comme vous voyez; mais je vais me donner à la physique.

COLOMBINE. — A la physique, madame!

MADAME PINDARET. — Oui, mademoiselle. C'est une des plus nobles sciences qu'il y ait; elle a pour objet tout ce qui tombe sous les sens, et par conséquent le corps humain, qui est la plus belle et la plus parfaite de toutes les structures humaines. Adieu, mademoiselle; je sens que ma colique veut me reprendre.

COLOMBINE. — Quoi! sitôt, madame?

MADAME PINDARET. — Je ne me prostitue jamais à une longue conversation, et j'aime les visites brèves et laconiques.

SCÈNE VI

ARLEQUIN en marquis ridicule; COLOMBINE,
MADAME PINDARET.

ARLEQUIN entre en chantant et en dansant. — Eh bien, morbleu! madame, les airs de cour nous sont-ils naturels? (Il fredonne.) La, lore, la. Vous allez voir comme je vous chamarre une danse sérieuse. Hé! laquais! laquais! lâche-nous un coup de chanterelle. (A Colombine.) Je veux tracer un menuet avec vous.

COLOMBINE. — Je vous prie, monsieur, de m'en dispenser; je suis d'une fatigue outrée, et voilà huit nuits de suite que je cours le bal.

ARLEQUIN. — Il faut donc que madame danse à votre place.

MADAME PINDARET. — Moi, monsieur! Excusez-moi, s'il vous plaît; je ne danse point, je fais des vers.

ARLEQUIN. — Parbleu! madame, vous danserez en vers, ou vous crèverez en prose.

COLOMBINE. — Allons, courage, madame. Voulez-vous qu'on envoie quérir votre Juvénal?

(Arlequin danse avec madame Pindaret ; madame Pindaret se laisse tomber.)

ARLEQUIN. — Voilà un vers à qui il manque un pied.

MADAME PINDARET. — Ah! ah! voilà un menuet qui m'a mise sur les dents. J'aimerais mieux faire vingt sonnets que de... Ah! ah! souffrez, mademoiselle, que je vous quitte pour aller me mettre au lit.

ARLEQUIN. — Adieu, madame; allez vous faire tirer trois palettes d'épigrammes de la veine poétique.

SCÈNE VII

ARLEQUIN, COLOMBINE.

ARLEQUIN. — Eh bien! mademoiselle, ne vous avais-je pas bien dit qu'il n'y avait guère de marquis plus ridicule que moi?

COLOMBINE. — A vous parler sincèrement, pour un marquis de nouvelle impression, vous ne jouez pas mal votre rôle, et l'on croirait que vous l'auriez étudié toute votre vie.

ARLEQUIN. — Etudié! moi, étudié! Palsambleu! vous ne le prenez pas mal. Etudié! vous ne savez donc pas que je suis homme de qualité? A peine sais-je écrire mon nom.

COLOMBINE. — Vous voulez vous divertir; je sais ce que je dois croire, et j'appelle de votre modestie.

ARLEQUIN. — Cela est, parbleu! comme je vous le dis, et je veux que le diable m'emporte si jamais j'ai eu d'autres livres qu'un Almanach avec un Parfait Maréchal. Bon! que nous faut-il à nous autres gens de cour? Beaucoup de bonne opinion, saupoudrée de quelques grains d'effronterie. Voilà toute notre science auprès des femmes. (Il se promène.)

COLOMBINE. — Mais, où allez-vous donc? Vous avez des inquiétudes horribles dans les jambes, et vous ne sauriez vous tenir un moment en place.

ARLEQUIN. — Ma foi, mademoiselle, il faut du plain-pied à un marquis. Je voudrais que vous vissiez à la comédie le terrain que j'occupe sur le théâtre. Oh! parbleu! la scène n'est jamais vide avec moi. Il n'y a que le théâtre de l'Opéra où je me trouve un peu en brassière; je ne saurais y pirouetter à ma fantaisie.

COLOMBINE. — C'est-à-dire que vous n'oseriez pas y faire le fanfaron comme ailleurs.

ARLEQUIN. — Je suis pourtant toujours sur le bord du théâtre. Il y a longtemps que j'ai secoué la pudeur de ces demi-gens de qualité qui commencent à se donner au public. Ventrebleu! je ne tâte point des coulisses; sur l'orchestre, morbleu! sur l'orchestre!

COLOMBINE. — Je ne sais pas, pour moi, quel plaisir prennent certaines gens à la comédie, de venir étouffer un acteur jusque sur les chandelles. Comment voulez-vous qu'un pauvre diable de comédien se fasse entendre au bout de la salle? Il faut donc qu'il crève?

ARLEQUIN. — Parbleu! qu'il crève s'il veut, il est payé pour cela.

COLOMBINE. — Mais de bonne foi, monsieur le marquis, croyez-vous que ce soit pour voir peigner votre perruque, prendre du tabac, et faire votre carrousel sur le théâtre, que le parterre donne ses quinze sous?

ARLEQUIN. — N'est-ce pas bien de l'honneur pour lui de voir des gens de qualité? Ma foi! quand il n'aurait que ce plaisir-là, cela vaut bien une mauvaise comédie.

COLOMBINE. — Assurément ; c'est ce qui fait qu'il s'est mis en droit de vous siffler aussi bien que les méchantes pièces.

ARLEQUIN. — Il est vrai que le parterre devient horriblement orgueilleux : ce sont ces Italiens qui ont achevé de le gâter. Savez-vous bien que cet été ils l'ont traité de monseigneur dans un placet ? Le parterre monseigneur ! j'enrage !

COLOMBINE. — Vous avez beau pester, le parterre fait du bien à tout le monde : il redresse les auteurs, il tient les comédiens en haleine ; un fat ne se campe point impunément devant lui sur les bancs du théâtre ; en un mot, c'est l'étrille de tous ceux qui exposent leurs sottises au public. Que ne vous mettez-vous dans les loges ? on ne vous examinera pas de si près.

ARLEQUIN. — Moi, dans les loges ! Je vous baise les mains : je n'entends point la comédie dans une loge comme un sansonnet ; je veux, morbleu ! qu'on me voie de la tête aux pieds, et je ne donne mon écu que pour rouler pendant les entr'actes et voltiger autour des actrices.

SCÈNE VIII

ARLEQUIN, COLOMBINE, UN LAQUAIS.

LE LAQUAIS. — Mademoiselle, voilà votre couturière.

SCÈNE IX

ARLEQUIN, COLOMBINE, MARGOT.

COLOMBINE. — Eh bien ! Margot, m'apportez-vous mon manteau ?

MARGOT. — Oui, mademoiselle ; j'espère qu'il vous habillera parfaitement bien : depuis que je travaille, je n'ai jamais vu d'habit si bien taillé.

ARLEQUIN. — Ni moi de fille si ragoûtante. Voilà, mordi, une petite créature bien émérillonnée. Ecoutez, ma fille, où demeurez-vous ?

MARGOT. — Pas loin d'ici.
ARLEQUIN. — Tant mieux.
COLOMBINE prend le manteau. — Vous voulez bien, monsieur le marquis, me permettre d'essayer mon manteau?
ARLEQUIN. — Oui-da, mademoiselle ; vous pouvez vous habiller jusqu'à la chemise inclusivement. (Margot habille Colombine ; Arlequin badine.) Margot est, ma foi, toute des plus jolies, et il y aurait plaisir de lui margotter le cœur ; je m'assure qu'elle n'a pas quinze ans. Peut-on voir votre minois, petite femelle ténébreuse ?

(Il veut lever sa coiffe ; Margot se défend.)

COLOMBINE. — Allons donc, monsieur le marquis, soyez sage. Que ne vous laissez-vous voir aussi, Margot, vous qui êtes si jolie?
MARGOT. — Je n'oserais, mademoiselle.
COLOMBINE. — Pourquoi?
MARGOT. — C'est que M. Harpillon m'a défendu de regarder les hommes ; et il serait fâché s'il savait que je me fusse montrée.
COLOMBINE. — Qui est donc ce M. Harpillon?
MARGOT. — C'est un des gros fermiers qui est mon parrain ; il fait du bien à toute notre famille, et il a déjà donné un bon emploi à mon grand frère.
ARLEQUIN. — J'entends, j'entends ; M. Harpillon a mis le frère dans un bureau, et mettra, s'il peut, la sœur en chambre.
MARGOT. — Oh ! monsieur, il n'y a point de ce que vous pensez à son fait : c'est un homme qui n'a que de bons desseins ; il m'a promis de m'épouser, et pour preuve de cela, il m'a déjà envoyé une housse verte et une bergame.
ARLEQUIN. — Fi ! une bergame à une fille comme vous ! Si tu voulais, Margot, m'épouser à la Harpillon, j'irais, moi, jusqu'à une verdure.
MARGOT. — Je vous remercie, monsieur ; cela ferait jaser le monde. Tenez, monsieur, pour avoir été un jour promener avec mon cousin, vous ne sauriez croire tous

les contes qu'on a faits. Il y a les plus maudites langues dans notre montée.

ARLEQUIN. — Ecoute, Margot; votre montée a peut-être raison, et il pourrait bien y avoir quelque chose à refaire à votre réputation.

COLOMBINE. — Margot peut aller partout, monsieur le marquis; elle est sage, et j'en réponds corps pour corps.

ARLEQUIN. — La bonne caution! Croyez-moi, les environs de Paris sont terriblement dangereux. N'allez-vous point quelquefois au bois de Boulogne?

MARGOT. — Dieu m'en garde, monsieur! ma mère me l'a défendu, et m'a dit que c'était un vrai coupe-gorge pour une fille.

ARLEQUIN. — C'est peut-être là que votre mère a été égorgée. Ma foi! cette fille me plaît. M'amie, me voudrais-tu tailler une chemise et quelques caleçons?

MARGOT. — Je suis votre servante monsieur; on ne travaille point en homme au logis.

ARLEQUIN. — Eh bien! viens les faire chez moi.

COLOMBINE. — Justement! on vous garde des filles de cet âge-là pour votre commodité! vous n'avez qu'à vous y attendre. Mais, il me semble, Margot, que ce manteau-là monte bien haut; on ne voit point ma gorge.

MARGOT. — Ce n'est peut-être pas la faute du manteau, mademoiselle.

COLOMBINE. — Taisez-vous, Margot; vous êtes une sotte : remportez votre manteau; j'y suis faite comme une je ne sais quoi.

ARLEQUIN, à Margot. — Plus je vois cette enfant-là, plus elle me plaît... Un petit mot : j'ai besoin d'une fille de chambre; je crois que tu serais assez mon fait. Sais-tu raser?

MARGOT. — Moi, raser! Je vois bien que vous êtes un gausseur : je mourrais de peur, si je touchais un homme seulement du bout du doigt. Adieu, mademoiselle; dans un quart d'heure je vous rapporterai votre manteau, avec de la gorge.

ARLEQUIN. — Adieu, adieu, petite nymphe du bois de Boulogne.

SCÈNE X
ARLEQUIN, COLOMBINE.

ARLEQUIN. — Elle n'est, morbleu! pas sotte, et je l'aimerais presque autant que vous. Nous autres gens de qualité, nous aimons quelquefois à rabattre sur la grisette. Et de notre mariage, qu'en dirons-nous?

COLOMBINE. — Je vous dirai, monsieur le marquis, qu'avant que de vous épouser, je vous demande encore une grâce. Nous sommes un certain nombre de filles qui avons fait serment de ne point prendre de mari qui n'ait été reçu auparavant dans notre académie. Il faut vous y faire recevoir.

ARLEQUIN. — Moi, dans votre académie de filles! vous vous moquez; j'ai des empêchements plus que légitimes, Et que faut-il faire pour cela?

COLOMBINE. — Ne vous mettez pas en peine; on vous habillera en femme; on vous fera peut-être faire serment d'être un époux commode, de laisser faire à votre femme tout ce qui lui plaira, de n'être point de ces maris coquets qui vivent de rapine, et laissent leurs femmes pour aller picorer sur le commun.

ARLEQUIN. — Quand on a de cette besogne-là toute taillée chez soi, on n'a guère envie d'aller travailler en ville. Allons, faisons ce qu'il vous plaira. Voilà qui est bien drôle, qu'il faille, pour vous épouser, commencer par se déshumaniser!

SCÈNE XI
ARLEQUIN, MEZZETIN, en sibylle; plusieurs fourbes de la suite de Mezzetin.

(Cette scène du travestissement d'Arlequin consiste en jeu purement italien; les fourbes chantent et dansent, pendant que Mezzetin dépouille Arlequin et l'habille en femme; et Mezzetin chante ce qui suit:)

MEZZETIN chante.
O toi qui veux épouser Colombine,
Reçois l'honneur que sa main te destine:

SCÈNE XII

ARLEQUIN, TRAFIQUET, COLOMBINE
ISABELLE.

TRAFIQUET. — Que veux donc dire, s'il vous plaît, cette mascarade-ci?

ARLEQUIN. — Monsieur, je vous prie de me dire si je suis mâle ou femelle; car, ma foi, je n'y connais rien.

TRAFIQUET. — Vous êtes un fou, voilà ce que vous êtes.

PIERROT, riant. — Ah! ah! ah! essuyez-vous, monsieur le bailli; vous êtes tout barbouillé.

COLOMBINE. — Je suis, mon père, disposée à vous obéir; mais je ne crois pas que vous vouliez me donner pour mari un homme qui est capable de pareilles extravagances.

ARLEQUIN. — Oh! oh! voilà qui est assez drôle. Par ma foi! s'il X en a, c'est vous qui les avez faites, et qui avez voulu que je me sois fait et marquis et ce que me voilà.... Voyez, ne me voilà-t-il pas bien dessiné?

COLOMBINE. — Moi, je vous ai fait faire ces extravagances-là? Ma foi, monsieur le bailli, vous rêvez.

PIERROT. — Monsieur, quand je vous ai dit que j'étais mieux le fait de votre fille que cet homme-là, est-ce que je me trompais? Il faudra pourtant que vous y veniez.

TRAFIQUET.— Ce que j'ai vu tantôt, et ce que je vois présentement, m'oblige de vous dire, monsieur le bailli, que vous pouvez, tout de ce pas, vous en retourner dans le Bas-Maine manger vos chapons; car, pour ma fille vous n'en croquerez que d'une dent.

Tu n'étais qu'un vilain magot,
Un ostrogot,
Un escargot;
Tu vas être aussi beau qu'une fille
Gentille,
Ou peu s'en faut.

LE CHŒUR.
Tu n'étais qu'un vilain magot, etc.

MEZZETIN.
Reçois cette coiffur. en malice féconde;
Avec cet ornement,
Tu peux facilement
Insulter hardiment
Et la brune et la blonde;
Avec cet ornement,
Tu charmeras tout le monde.

(Il fait des gestes en dansant et chante.)

Micropoli, chariba, charistac.
Ministres de mon art,
Versez tout votre fard
Sur ce nez en pied de marmite,
Barbouillez vite ce museau,
Et nettoyez votre pinceau
Sur cette trogne hermaphrodite.

(Deux fourbes s'approchent d'Arlequin : l'un tient un pot de rouge et l'autre un pot de blanc, et ils lui barbouillent les deux côtés du visahe.)

ARLEQUIN.—Je peux présentement résister à la pluie : me voilà bien peint.

MEZZETIN chante.
Ah! qu'il est beau!... oh! oh!
Le damoiseau
Au museau
De couleur de pruneau;
Faisons le pied de veau :
Ah! qu'il est beau! oh! oh!

LE CHŒUR.
Ah! qu'il est beau! oh! oh!

(Ils s'en vont tous en chantant.)

PIERROT. — Que d'une dent, monsieur le bailli, que d'une dent.

ARLEQUIN. — Allez-vous-en au diable, vous et votre fille, petit vilain grigou raccourci. Adieu, la belle; je ne crois pas qu'il y ait au monde un animal plus méchant que vous. Il faut qu'un provincial ait le diable au corps pour venir s'équiper d'une femme à Paris.

COLOMBIAE. — Et qu'une fille à Paris soit bien près de ses pièces pour épouser un bailli du Bas-Maine.

FIN

PARIS. — IMPRIMERIE Vᵛᵉ P. LAROUSSE ET Cⁱᵉ, RUE NOTRE-DAME-DES-CHAMPS, 49

LE THÉATRE

à 20 c.

LE VOLUME

CONTENANT

UNE *ou* PLUSIEURS *Pièces*

Les meilleurs Écrivains;
Les meilleurs Musiciens.

10,000 Pages de Musique:

| Grétry, | Dalayrac, | Gluck, |
| Monsigny, | Mozart, | Piccini, |

etc., etc.,

avec Accompagnement de PIANO

RENSEIGNEMENTS

20 c. — THÉATRE — 20 c.

CHEZ TOUS LES LIBRAIRES

UN VOLUME CHAQUE JOUR
En l'année 1878, il sera publié
300 volumes, — 500 pièces
30,000 pages (60 millions de lettres)
10,000 pages de Musique

Excessive modicité de Prix

EXEMPLE :
N° 76. L'opéra de **Richard Cœur-de-Lion.**
Le *texte* (paroles) vaut bien **quatre sous**;
Les **70** pages de Musique, quarante sous;
Le tout quarante-quatre sous;
Mais le Public ne paye que **quatre sous** : il dit que c'est très-bon marché : *il a raison!*

ANNONCE

100 BONS LIVRES AD. RION à 10 c.

Il faut que chaque famille ait sa BIBLIOTHÈQUE; il suffit de donner aux Enfants, chaque semaine, **10** c. pour acheter un des

100 BONS LIVRES AD. RION à 10 c.

en commençant par ceux-ci :

N° 1. **Alphabet progressif**, etc.,
N° 64. **Nids d'oiseaux,**
N° 57. **Ignorance, Tabac, Ivrognerie,**

Il en a été vendu **600,000** exempl. de ces trois livres.

ŒUVRE COURONNÉE

EN VENTE CHEZ TOUS LES LIBRAIRES:
Ils sont priés de s'adresser à leurs *Commissionnaires*
ou aux Maisons

Hachette.	Allouard.	Manginot.	Brouillet.
Vernay.	Guérin.	Coste.	Claverie.
Schulz.	Gaulon.	Goin.	Janmaire.

www.ingramcontent.com/pod-product-compliance
Lightning Source LLC
LaVergne TN
LVHW020326100426
835512LV00042B/1753